20歳の自分に教えたいアメリカ

池上 彰

SB新書
679

はじめに——アメリカとはどんな国なのか？

２０２４年11月13日、日経平均株価は６５５円も値下がりしました。これを経済ニュースは「トランプ・ラリーが一巡した」と報じました。どういうことでしょうか。

アメリカのドナルド・トランプ次期大統領は選挙中、「自分が大統領になったら法人税の税率を40％から15％に下げる」という公約を掲げていました。法人税とは企業が国に納める税金。国に納める税金が減れば、企業の手元にはそれだけお金が残ります。利益が増えるのです。そうなれば企業の株価は上がりますよね。

そこでトランプ氏の大統領当選の可能性が高まると、アメリカの株価が大きく値上がりしました。アメリカの株価が上がると、つられて日本の株価も上がります。これが「トランプ・ラリー」と呼ばれたのです。

でも、これは「期待」で値上がりしたもの。「期待」が現実になったので、株の値上がりでもうけた投資家は、もうけた分を確保しておこうと、持っていた株を一斉に売ったので、株価が下がったのです。これを「利益確定売り」といいます。

さらに11月26日には日経平均株価が338円の値下がりとなりました。これは、トランプ氏が自身のＳＮＳで中国からの輸入品に10％、カナダとメキシコに対しては25％の関税を新たにかけると発表したためです。

日本の自動車会社各社は、アメリカ向けの自動車の多くを、人件費の安いメキシコで生産しています。メキシコからアメリカへの輸出には関税がかからないという協定があるからです。

つまりトランプ氏は協定を無視する発表をしたのですが、これでメキシコ産の自動車の価格が高くなってアメリカで売れなくなるのではないかという心配が広がり、自動車会社の株を中心に大きく値下がりしたのです。

ところが11月28日になると、今度は２１５円の値上がりでした。これは、トランプ氏がメキシコの大統領と電話会談をし、「メキシコの大統領が、移民がアメリカに入って来ないように国境を閉鎖することで合意した」と発表したからです。

トランプ氏がメキシコからの輸入品に関税をかけると言ったのは、移民がアメリカに入って来ないようにメキシコに圧力をかけるためでした。国境を閉鎖する、つまり移民が入って来ないようにするとメキシコの大統領が約束したのであれば、トランプ氏は関税をかける必要がなくなります。そうなれば日本の自動車産業には有利になるという安心感が広がり、株価が上昇したのです。

ただし、メキシコの大統領は「そのような合意はしていない」と否定しましたが。

このようにトランプ氏が大統領に就任する前から、トランプ氏の一言ひとことで日本の株価が動きます。

日本はアメリカと密接な関係を持っているので、アメリカの大統領に誰がなるかで大きな影響が出るのです。

アメリカ大統領選挙が日本でも多く報道されていたのは、日本に大きく影響するからだったのです。

では、そのアメリカとはどんな国なのか。それを基礎から解説するのが、この本の狙いです。

アメリカの大統領はアメリカ国民が決める。それはそうなのですが、アメリカは、依然世界の中で大きな存在感を持っています。

アメリカという国の針路が、日本にどのような影響を与えることになるのか。それを考えるためにも、まずはアメリカについて知っておきましょう。

2024年12月

ジャーナリスト　池上　彰

20歳の自分に教えたいアメリカ　目次

第2章　不法移民と銃社会をめぐる混乱
――テキサス州から今のアメリカがわかる

第4章 アメリカの大統領選が激化する背景
――大統領候補テレビ討論会とアメリカのテレビ事情

第５章　トランプ再選に揺れる世界
――トランプが勝ったことで日本はどうなる？

第1章

アメリカ「大統領選」のしくみ

——アメリカの大統領と日本の総理大臣、それぞれの違い

◉4年に一度のアメリカ大統領選挙

２０２４年の米大統領選挙は11月5日に実施され、共和党のドナルド・トランプ前大統領が民主党のカマラ・ハリス副大統領を破って当選しました。アメリカ合衆国第47代大統領の誕生です（就任式は25年1月20日）。初めての女性大統領誕生への期待もあって夏から秋にかけてハリス人気が高まりましたが、ふたを開けてみればトランプ氏の圧勝でした。大統領を1期で退いた後に復活を遂げたのは、１３２年ぶりという異例のことでした。

ところで、4年に一度行われる米大統領選挙。果たしてどんな結果になるのか、あなたは関心を持ってニュースを見ていましたか？

少し古くて恐縮ですが、前回２０２０年の大統領選挙の前に街の皆さんにインタビューした取材映像がありました。その声を拾ってみましょう。

――あなたは米大統領選挙に興味ありますか？

21歳女性　興味ありますね。どうなるのかがすごく気になりますね。先が読めないですから。

57歳男性　日本の経済に影響があるから、という感じですね。

28歳女性　あります。これからの世界の動向につながるかなと思って。

22歳男性　ないですね。

23歳男性　僕もどちらかというとないですね。

19歳女性　日本人だから関係ないかな。

36歳女性　どっちも同じように見えてしまう。どっちでもいいかなという感じで見てます。

他にも多くの方に答えていただきましたが、結果は「若者の多くは興味がないのかも」と思わせるものでした。

でも、興味がないのはよくわからないからではないでしょうか。ちゃんと知れば面白くて「そうだったのか!!」と納得がいくはずです。今からでも遅くないので、米大統領選挙について知っておきましょう。

そもそもアメリカの大統領選挙は日本の選挙とどう違うのか。普段ニュースをあまり見ない若い世代にもわかるように基礎の基礎から解説していきます。

●大統領と総理大臣の違いは？

初めに簡単な質問から。アメリカ大統領に関してよく見る次ページ上の写真の建物は何と言いますか？

答えはホワイトハウス。これはわかりますね。

では、「総理大臣（首相）は行政のトップ、大統領は◯◯◯◯」。日本の総理大臣は行政のトップですが、国のトップではありません。一方、アメリカの大統領は国のトップ。それを漢字4文字で何と言うでしょう。◯に入る言葉を答えてください。

答えは国家元首。どうですか、できましたか？

ホワイトハウスはアメリカ大統領の仕事場兼住居です。ここには大統領とその家族のほか、スタッフも常駐していて、部屋は132室もあります。

この建物は？

ホワイトハウスの中を見たことのある方はいませんよね。中にはボウリング場、映画館、バスケットコートにゴルフ練習場まであって、暮らしやすい環境が整えられています。

ホワイトハウス内の映画館では、ハリウッドの映画制作スタジオが大統領の要望に応じて映画ソフトを提供し、大統領一家やスタッフたちは最新の映画をここで見ることができるのです。

オバマ元大統領はバスケットボールが大好きでした。そのためオバマ政権時は、バスケットコートが整備されていました。また、トランプ前大統領のゴルフ

ホワイトハウスは大統領が暮らしやすい環境が整えられている

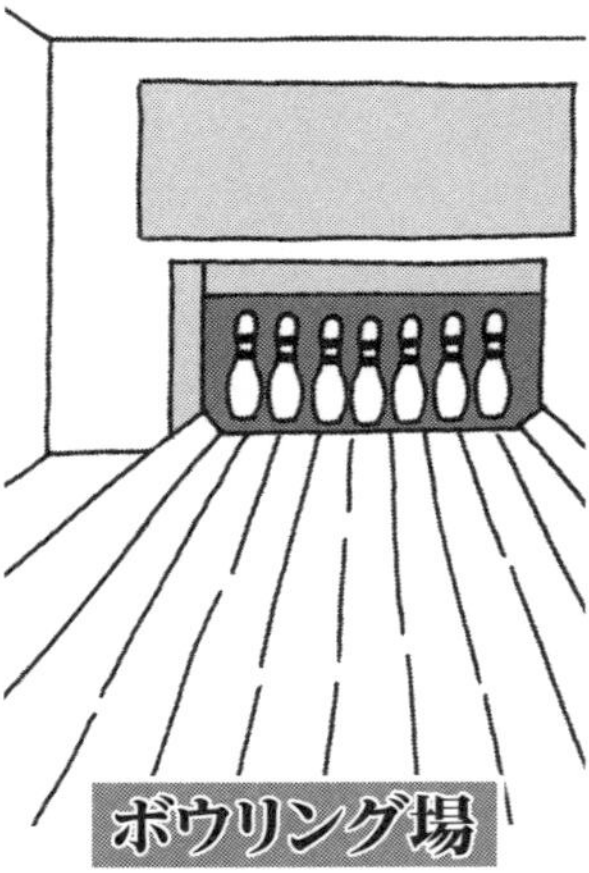

大統領と総理大臣（首相）、何が違う？

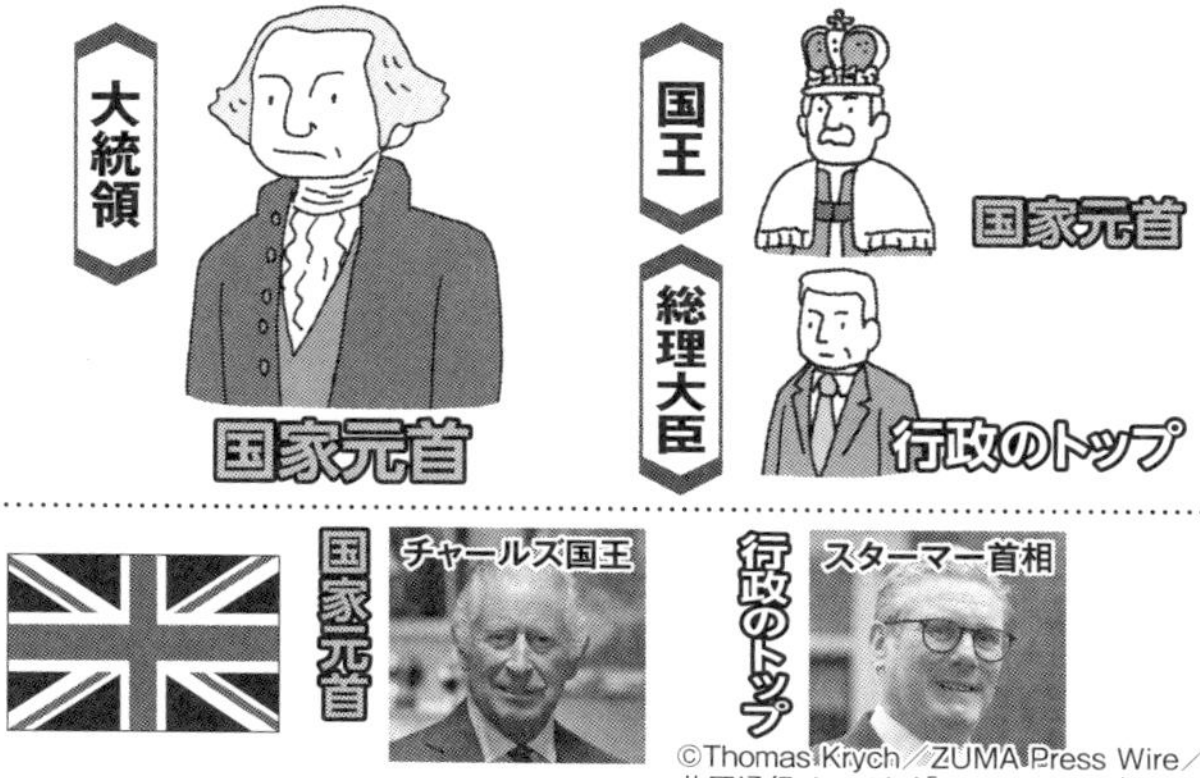

©Thomas Krych／ZUMA Press Wire／共同通信イメージズ「ZUMA Press」

好きは有名ですね。ゴルフのシミュレーターを入れたそうで、設置費用約５６０万円は自腹だということです（出典：ワシントンポスト）。

このように大統領が代わるたびにそれぞれの好みで新しい施設が増えていきました。

アメリカ大統領になった人は、「誰それはホワイトハウス入りを果たした」という言い方で紹介されることがあります。それは要するに、ホワイトハウスはアメリカ大統領の地位の象徴だということです。

では、大統領と総理大臣（首相）はそ

もそも何が違うのか見ていきましょう。大統領がいる国はある人がいないことが多いのですが、わかりますか？

王様、国王ですね。

国王のいない国には大統領がいることが多いということです。つまり、大統領は国家元首で、大統領のいない国は国王が国家元首です。

たとえばイギリスを見てください。イギリスの国家元首はチャールズ国王、行政のトップはスターマー首相です。

一方、大統領がいない日本は「天皇が国家元首かな？」と思うかもしれませんが、実は日本には天皇を国家元首と定めた法律や憲法はありません。国内では定まっていないのです。でも、海外からは国家元首としての扱いを受けています。

●総理大臣と違ってアメリカ大統領の権力は絶大

アメリカの大統領は国のトップです。と同時に、首相がいないアメリカでは行政のトップでもあり、その権力は絶大です。行政とは、ざっくり言えば役所のこと。国の

日本の総理大臣とアメリカ大統領、権限の違い

役所の頂点に立つ人ということですね。

日本の場合、行政のトップは総理大臣ですが、行政を任されているのは総理大臣一人ではなく、内閣です。トップといえども一人で何でも決められるわけではないのです。

閣議決定という言葉を聞いたことはありませんか？　重要な政策は、内閣で閣議決定しないと実行に移せません。総理大臣以下、大臣全員（内閣官房長官を含む）が賛成して初めて閣議決定となり、これなしに総理の独断で行うことはできない仕組みです。

たとえば、「平成」から「令和」になっ

た新しい元号も閣議決定しています。安倍晋三内閣として閣議決定したもので、会議で大臣みんなが賛成して「令和」に決まりました。

逆に言うと、一人でも反対する大臣がいたら閣議決定はできません。そんなことになったらその政策は実行できなくなります。ただし、総理大臣には大臣をクビにする（罷免する）権限があるので、いざとなったらその権限を行使するという手があります。

かつて小泉純一郎総理大臣が「衆議院を解散する」と言ったときに、反対した大臣がいました。２００５年のことです。この時は小泉総理がその大臣をクビにして、自分でその職を兼務して閣議決定に持ち込んでいます。

その気になれば、大臣を全員クビにして自分が全ての職を兼務して閣議決定することもできますが、普通はそんなことはしません。閣議で大臣みんなが賛成して、全員の了解の下で政策を行うのが日本のやり方です。

ところがアメリカは違います。

アメリカの場合、大統領がやると言ったら誰も逆らえないのです。同じ行政のトッ

日本では、重要な政策は閣議決定で決まる

アメリカ大統領の権限は絶大

プでも、アメリカ大統領は周りが反対しても一人で決められる強い力を持っているからです。

その強い権限は軍にも及んでいて、アメリカ大統領は世界最強といわれるアメリカ軍の最高司令官です。大統領は世界のどこにでも独断で軍を派遣できます。

●核兵器発射の命令装置はいつも近くに

アメリカ大統領の権限の強さを示すものに「核のボタン」があります。どこかで耳にしたことはありますよね。核ミサイルを発射する「核のボタン」を押す権限をアメリカの大統領は持っていて、議会の承諾なしに自分の判断でボタンを押すことができるのです。

この核兵器を発射するボタンはどこにあると思いますか？

普段はホワイトハウスです。でも、外遊するとき、たとえば大統領が日本に来るときなど、そのままホワイトハウスに置いておくわけにはいきません。

２０２０年10月2日、新型コロナウイルスに感染したトランプ大統領（当時）が医療施設に向かうためヘリコプターに乗り込もうとしたときの映像に「核のボタン」が映っていました。大統領の近くにいる人が、いかにも重そうな大きなカバンを持っています。これは大統領緊急対応カバンと呼ばれるもので、中に「核のボタン」が入っています。

カバンを持っているのは軍人です。アメリカの陸軍、海軍、空軍、海兵隊という四つの軍の人たちが常に交代で持ち歩くことになっています。重量約20キログラムと非常に重いのですが、彼らは鍛えた体で軽々と持ち運んでいます。

「核のボタン」といっても、実際にはボタンを押して核ミサイルを発射させるわけではありません。あくまで比喩的な表現で、正確に言えば、核ミサイルを発射する部隊の兵士に命令を出すことができる装置です。

カバンの中には、攻撃命令を送信する通信機と攻撃を可能にするためのコード（数字が並んでいる一種の暗号）が入っています。このコードは毎日新しいものに更新され、その日のコードを入力することにより初めて核ミサイルの発射ボタンを押す兵士に指示を出すことができるのです。

アメリカ大統領が持っている「核のボタン」とは？

アメリカはロシアと並ぶ強大な核兵器保有国です。大統領が常に「核のボタン」を持ち歩くことで、何かあればいつでも核兵器を使えるぞという意思表示になっていると考えられます。

ちなみに、アメリカで核攻撃を命令できるのは大統領だけです。

●絶大な権力の源は、拒否権と大統領令

アメリカでは法律の案は大統領ではなく議会が考えます。しかし、たとえ議会で長い時間をかけて話し合った法案でも、最終的に大統領がノーと言ったら法律にはできません。これを拒否権といいます。

拒否権は日本の総理大臣も持っていない大きな力ですが、大統領が拒否権を乱用して暴走しないようこんな仕組みも作られました。議会が3分の2の賛成で再度可決すると拒否権を覆《くつがえ》して法律にすることができるのです。

また、議会の承認がなくても大統領の一存で命令できる、まさに鶴の一声という制度があります。それが大統領令です。

大統領の絶大な権力の一つ「拒否権」

非常に強い影響力を持つ「大統領令」

トランプ前大統領が在任中に出した大統領令には、メキシコとの国境に壁を建設するとか、ＴｉｋＴｏｋの使用を禁止するとかいったものがありました（この時のＴｉｋＴｏｋ使用禁止措置は裁判所によって差し止められ、実現していません）。

議会の意見を聞く必要がないので、これは強大な権限です。ここで、大統領の位置づけを思い出してください。大統領は行政のトップです。ということは、出せる命令は役所に対してだけです。国民に命令はできないということです。それでも、大統領令は国民に大きな影響を与えます。

たとえば、コロナ禍で問題になった中国からの入国禁止を考えてみましょう。大統領は「中国にいるアメリカ人の入国も認めない」などと自国民に命令することはできません。ところが、役所に対しては命令を出せます。入国審査を行う役所は外国から入ってくる人のパスポートチェックをするので、その役所に「中国からの入国は禁止だ」と命令を出せばいいのです。結果的に、中国からはアメリカ人を含めて誰も入ってこられなくなります。

役所にいろいろな命令を出すと国民はその影響をもろに受け、そういう意味で大統領は非常に強い力を持っているわけです。

●日本とアメリカの議会の違いは？

すごい権力を持っているアメリカ大統領ですが、どんな人がなれるのか知っていますか？

日本の総理大臣は国会議員（衆議院議員）の中から選ばれます。アメリカはどう違うのか？　それを知るためには議会について知る必要があります。

まず日本の衆議院と参議院の違いはわかりますね。大きな違いは名前の由来を見るとわかります。

衆議院：一般大衆の代表が議論するところ
参議院：衆議院の議論に参加するところ

国民の代表である衆議院が予算、法案、政策などについて議論するのを、異なる立

日本の国会議員とアメリカの連邦議会

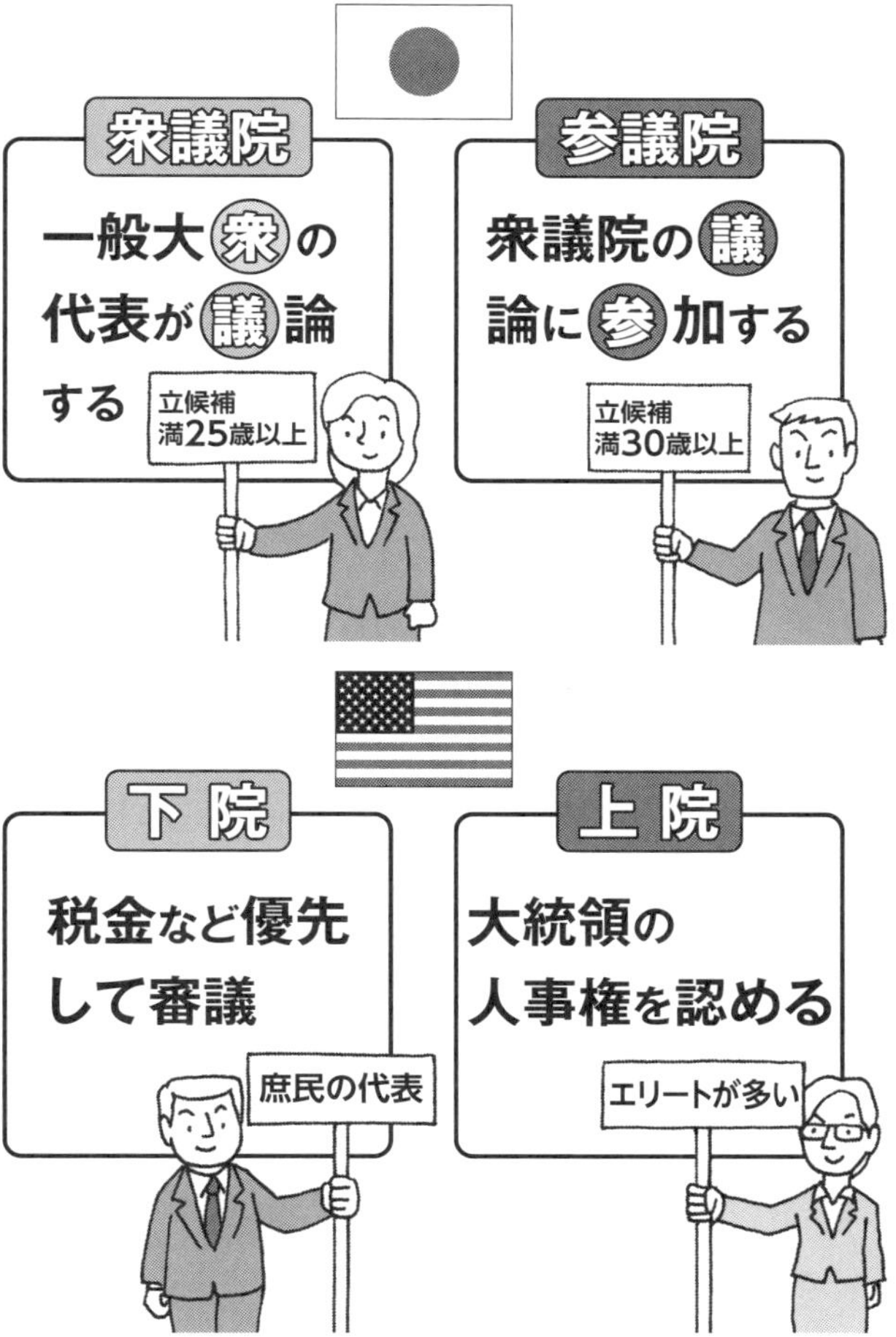

場からチェックするのが参議院です。衆議院議員には満25歳以上で立候補できますが、参議院議員への立候補は満30歳以上と5歳の開きがあります。ということは、参議院には、いわば大人の立場で衆議院の議論をチェックする役割があるわけです。

一方、アメリカの議会にも上院と下院があります。下院は国民の代表で、それぞれの州の人口に応じて議席が割り当てられるため、州によって下院議員の数は異なります。

24年現在、20年の国勢調査で判明した各州の人口に基づき、全435議席のうち、たとえば人口の多いカリフォルニア州に52議席、テキサス州に38議席、フロリダ州に28議席が配分され、人口が少ないアラスカ州や中西部のノースダコタ州、サウスダコタ州、西部のワイオミング州などは1議席の配分しかありません。

これに対し上院は州の代表です。人口に関係なくどの州も議員の数は同じ。50州いずれも2人ずつで計100人（議席）となっています。

このように下院は国民の代表、上院は州の代表という違いがあり、上院の方がベテランが多いといわれています。

上院と下院、それぞれの議席数

ところで、なぜ上下という名前が付いていると思いますか？

アメリカが建国されたばかりの頃、２階建ての建物の１階に下院が入っていて、２階に上院が入っていました。そこで上院・下院の通称で呼ばれるようになったのです。

●シュワルツェネッガーは大統領になれるか？

日本の総理大臣は衆議院議員がなりますが、アメリカ大統領はどうでしょうか。上院や下院の議員でないとなれないのか、それとも議員でなくてもなれるのか。どちらだと思いますか？

答えは、議員でなくてもなれる。トランプ大統領がそうですね。彼は不動産業者として名をなした人です。議員経験はなく、２０１６年の大統領選に勝利してホワイトハウス入りを果たしました。

９・11米同時多発テロ（２００１年）当時の大統領、ジョージ・W・ブッシュ氏（子）と、その前のビル・クリントン大統領は、共に前歴が州知事です。

アメリカ生まれ、もしくは海外生まれでも両親がアメリカ人で生まれた時からアメ

アメリカ大統領になれるのは？

リカ国籍を持っている場合、さらにアメリカに14年以上住んでいて35歳以上なら、一般の人でも大統領になれます。

海外生まれで、その後アメリカに住んでアメリカ国籍を取得した人は、この条件に当てはまりません。

たとえばカリフォルニア州知事（在任2003〜2011年）を務めたアーノルド・シュワルツェネッガーは、オーストリアの出身でアメリカに移り住み、ハリウッド映画に出るようになって36歳でアメリカ国籍を取得しました。ですから、アメリカ国民であり、14年以上アメリカに居住実績があり、年齢も35歳以上なのに、アメリカで生まれていないので大統領にはなれないのです。

このように、条件を満たさない人は大統領になれませんが、あなたにはこんなチャンスがあります。

あなたがアメリカに移住してアメリカで子どもが生まれると、その子どもは自動的にアメリカ国籍を取得できますから、あなたはアメリカ大統領選挙に立候補する子の親になることはできます。そんな人生も面白いかもしれませんね。

アメリカ大統領になれる条件

- ◇ **アメリカ生まれ**
  ※両親がアメリカ国籍の場合 海外生まれでもOK
- ◇ **アメリカに14年以上居住**
- ◇ **35歳以上**

アーノルド・シュワルツェネッガー

○	アメリカ国籍
○	アメリカに14年以上居住
○	35歳以上
×	アメリカ生まれ

©Kay Blake／ZUMA Press Wire／共同通信イメージズ「ZUMA Press」

条件をクリアすれば一般人でも立候補することができ、二大政党のいずれかの候補になって勝利すれば大統領にもなれる。それがアメリカです。

●アメリカにはどんな政党がある？

次にアメリカの二大政党の違いを見てみましょう。

その前に、日本には大小さまざまな政党がありますが、政党の名前をちゃんと言えますか？

要件を満たしている政党は図に示した通りです。要件というのは、政党交付金の交付対象を定めた政党助成法上の「政党要件」を指します。ちなみに、政党助成法とは、国が政党に助成を行うことで、各政党の健全な発達を図り、民主政治の健全な発展を目的とするための法律です。その中で定められた「政党の定義」として、①「国会議員が5人以上」、②「国会議員が1人以上、かつ前回の衆院選か2回前までの参院選で、比例区か選挙区合計の得票率が2％以上」のいずれかの要件を満たしたものを「政党」という、としています。

日本にはどんな政党がある？

政党交付金の交付対象を定めた政党助成法上の「政党要件」を満たした政党

※2024年10月現在　出典：朝日新聞デジタル

トランプ候補とハリス副大統領の一騎打ち

日本の場合、自由民主党（自民党）が圧倒的に強い力を持っていて、基本的には自民党の議員が総理大臣になるということが続いてきました。

アメリカも、ほとんどの人は知らないと思いますが、実は民主党と共和党以外にたくさんの政党があるのです。

２０２０年11月３日（火）の大統領選挙では、リバタリアン党、緑の党など様々な少数政党が候補者を立てています。彼らは、立候補はしたものの当選にはほど遠く、最終的に民主党バイデン候補と共和党トランプ候補の争いになりました。

２０２４年の選挙でも、少数政党から

の立候補が相次ぎました。しかし、さして話題になることもないまま選挙は二大政党の間で争われ、民主党ハリス副大統領と再選を狙う共和党トランプ候補が接戦を演じたのは周知の通りです。

民主党は当初、再選を目指すバイデン大統領が81歳という高齢を押して立候補し、党の正式な候補になると見られていました。

状況が一変したのが24年6月末のことです。共和党トランプ候補とのテレビ討論会で視聴者に弱々しい印象を与え、評価が急落したのです。これによりバイデン大統領は選挙戦からの撤退を迫られました。その後、ハリス副大統領が民主党の候補になり、11月5日（火）の投票日に向けて事実上、トランプ候補との一騎打ちとなったわけです。

今回の大統領選挙でも多くの支持を集める第三の政党は現れませんでした。結局のところ、アメリカの大統領は圧倒的に支持者の多い民主党と共和党のどちらかから選ばれています。

◉民主党と共和党でこんなに違った

民主党と共和党の違いは何でしょうか。あくまで大ざっぱな分類ですが、だいたい次のような違いがあります。

まず支持者について見ると、考え方が保守的かリベラルかで支持する政党が分かれます。

個人の権利と多様な価値観を尊重するのが「リベラル」です。簡単に言えば、いろいろな考え方の人がいてもいいじゃないかという発想。これが民主党です。「保守的」は、アメリカの伝統的な価値観を尊重し、いわば古き良きアメリカを愛するというもの。こちらが共和党です。

共和党の支持者はお金持ちが多く、民主党は貧しい人や高学歴の人が多いといわれてきました。

貧困層と高学歴の人は接点がないように見えますよね。でも、貧しい人たちは民主党なら自分たちを見捨てないで助けてくれると考え、高学歴の人たちは貧しい人たち

共和党	支持者	民主党
保守的 富裕層 キリスト教徒の白人 農村部		リベラル 貧困層・高学歴 移民・有色人種・女性 都市部
古き良きアメリカ好き		多様な価値観を重視

を助ける政党こそ望ましいと考えるので、どちらも民主党支持でつながりはあるのです。

また、共和党はキリスト教徒の白人や農村部に支持者が多く、民主党は多様な価値観を大事にすることから支持者は移民・有色人種・女性や都市部に暮らす人が多いという傾向があります。

一般的にはこのように整理できるのですが、最近共和党の支持者に変化が見られます。２０１６年の大統領選挙の頃から、トランプ氏を熱狂的に支持する労働者が非常に増えてきて、共和党がトランプ党になってしまいました。そのせいで

民主党と共和党、対照的な考え方

	共和党	民主党
移民 	厳しい	やさしい
同性婚 	反対	賛成
中絶 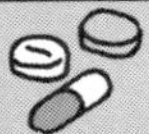	反対	賛成
銃規制 	反対	賛成もいる

→ キリスト教に関係

伝統的な共和党の支持者がかなり離れてしまったのではないかといわれています。一方で、民主党はエリートの金持ちが増え、「労働者の味方ではなくなった」という批判を受けるようになっています。

支持者がこれだけ違うことで明らかなように、民主・共和両党の考え方は対照的です。政策はほぼ正反対。特に同性婚と中絶に関しては、キリスト教が大きく関わっています。

共和党を支持するキリスト教の宗派には、聖書に書かれていることを一字一句全て真実だと信じる厳格な信徒たちが大勢います。彼らからすれば、聖書には

理想の政府の違い

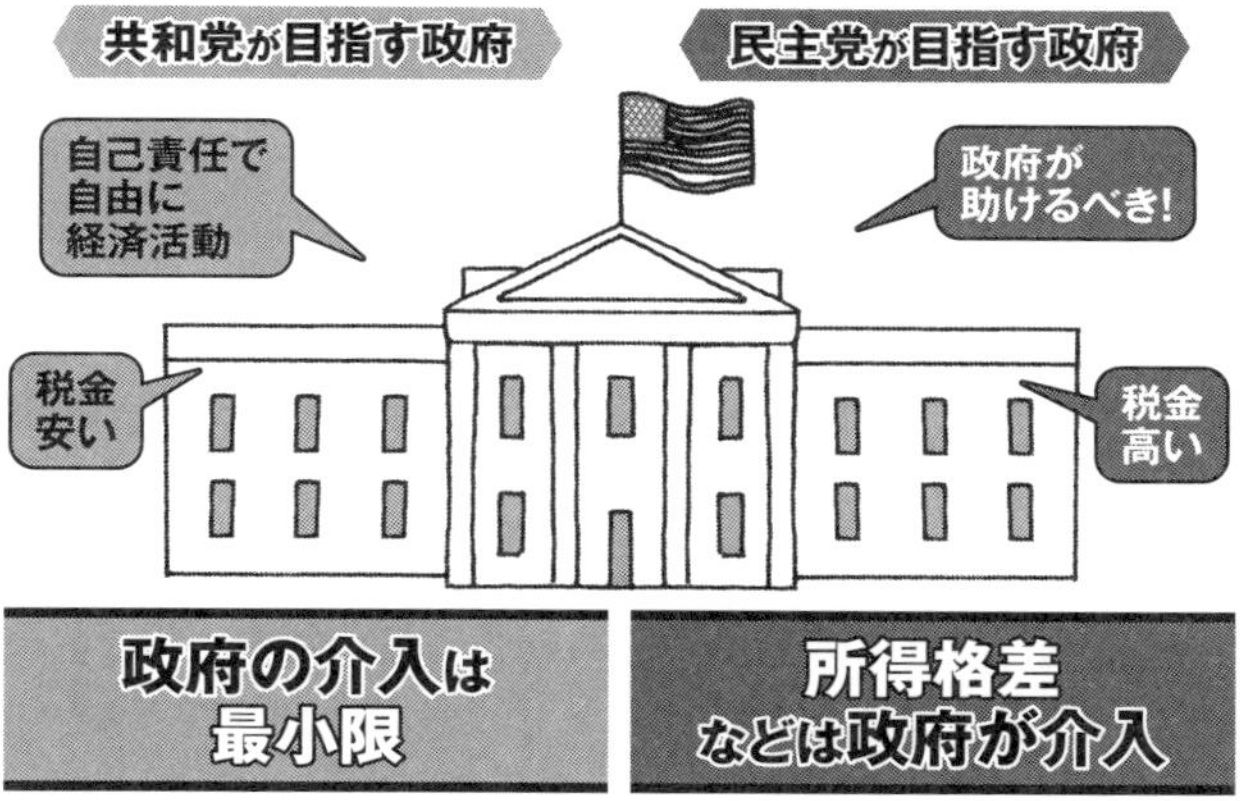

「神様がアダム（男）とイブ（女）を作った」と書いてあるのだから同性婚には反対。「産めよ、増やせよ、地に満ちよ」とも書かれていて、〝人間たちよ、もっとどんどん子どもを産め〟と神様が命じているのだから中絶にも反対。こういう考え方になるわけです。

●理想の政府をめぐって考え方が対立

どういう政府がいいかという考え方についても、民主党と共和党は大きく違います。

共和党が目指す理想の政府は、国民へ

の援助は最小限。あくまで自己責任で自由にお金儲けしていいよ、その分税金も安いよというもの。一方、民主党が目指す理想の政府は、貧しい人たちはちゃんと助けよう、その分税金は高くなるというもの。

両者の違いは、政府を芸能事務所にたとえるとわかりやすいかもしれません。

民主党系の芸能事務所の場合、仕事がない若手芸能人にも事務所が一生懸命仕事を取ってきて、暮らしに困らないように助けます。一人ひとりに手がかかる分、事務所の取り分は多くなります。

共和党系の芸能事務所は、基本的に本人任せの自己責任。「どうぞ皆さん、仕事は自分で取ってきてください。いくらでもご自由に」というのが事務所の方針です。事務所のマネージャーは現場の立ち会いに来る程度で、わざわざ仕事を取ってくることはしません。その分、事務所の取り分は少なく、儲けの多くが芸能人のものになります。

どっちがいいかということですね。あなたならどちらを選びますか?

芸能人の中には、売れない頃は民主党系の事務所がいいけど、だんだん売れてきたら「事務所にこんなにお金を取られるくらいなら独立したい」と考える人もいるので

民主党と共和党を芸能事務所にたとえると？

中立公平の原則がないアメリカのテレビ局

はないでしょうか。

ちなみに、アメリカはテレビ局の政治的立場がかなり明確で、それぞれの党を支持するテレビ局まであります。

共和党ならＦＯＸニュース。ひたすらトランプ氏を褒め称えているニュースチャンネルです。民主党寄りのニュースチャンネルで有名なのはＭＳＮＢＣで、いつもトランプ氏の悪口を伝えています。このようにはっきり分かれています。

日本のテレビ局には中立公平でなければいけないというルールがありますが、今のアメリカには中立公平原則はなく、独自の判断で特定の政党寄りの放送を自由に行うことができます。そのため、民主党支持者は民主党寄りのテレビ局しか見ないし、共和党支持者は共和党寄りのテレビ局しか見ない。人によって見るテレビ局が全く違うという現象が起きています。

●米大統領選挙はなぜ平日の火曜日にやるの？

大統領選挙というと国民が直接投票して決めているイメージがありますが、アメリカ大統領はアメリカ国民が直接選ぶわけではありません。実は、少しややこしい仕組みになっています。次にそれを解説しましょう。

まず投票日に注目してください。２０２０年の大統領選挙の投票日は11月３日の火曜日。24年は11月５日でやはり火曜日でした。「なぜ平日にやるんだろう？」と思いませんか。

ちなみに日本では日曜日です。これは、そういうルールがあるわけでも法律で決まっているわけでもないのです。選挙管理委員会が投票日をいつにしようかと決めるときに、日曜だと仕事が休みの人が多く、投票に行きやすいだろうと考えて日曜日にしアメリカ大統領選挙が火曜日なのはなぜ？

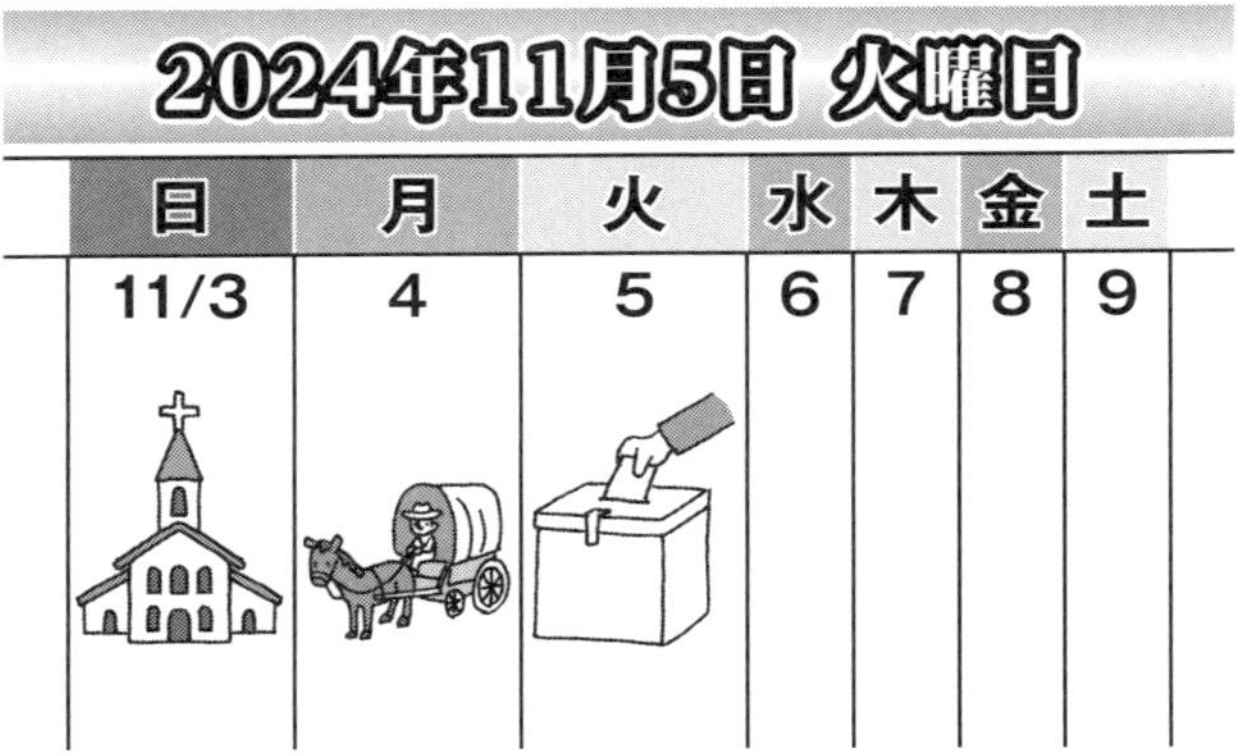

ているだけです。当然、その方が投票率も高くなります。

　また、学校を投票所として使うため、日曜なら学校が休みになるという事情もあるようです。

　ところが、アメリカは火曜日です。アメリカだって日曜日は休みなのに、なぜ平日を選ぶのでしょうか？

　日曜日はキリスト教徒が教会に行くからです。アメリカはヨーロッパからやって来たキリスト教徒が建てた国だということを思い出してください。誰もがキリスト教徒だという前提でいろいろなルールが決まっています。日曜日は安息日。仕事を休んでみんな教会に行くのだから投票どころではないというわけです。

それならば月曜日でもよさそうですが、月曜日にはなりませんでした。それはなぜだと思いますか？

これもアメリカ建国当時のことを想像してみればわかります。その頃はまだ自動車もなく鉄道もありませんでした。投票所へ行く主な移動手段は馬車です。もし月曜日に投票するとなったら、教会に行く安息日に家を出なければならなくなります。そんなことはできないし、月曜が投票日の場合、投票所の準備をする人たちは前の日から働かなければいけませんよね。安息日の日曜に働いてはいけないというのが聖書の教えです。

ということで火曜日に決まったのです。

●アメリカ大統領はどう決める？

アメリカ大統領の決め方は少々複雑です。国民が直接投票して、得票総数の多かった人が大統領になるというなら単純明快ですが、そうではなく、アメリカ国民が一般

アメリカ大統領の決め方

投票で実際に選んでいるのは大統領選挙人です。

大統領選挙人とは、大統領を選ぶ選挙に参加できる人、国民の代理のような存在のこと。つまり国民が選んだ人が大統領を選ぶという仕組みになっているのです。

なぜ国民の投票だけで決めないのか？　これにも歴史的な理由があります。

アメリカができたばかりの頃は、読み書きのできる人があまりいませんでした。そこで、「読み書きができない人は大統領を選ぶこともできないだろう。読み書きがきちんとできる人に大統領を選んでもらおう」ということで、まず大統領を選ぶという一風変わったやり方になったわけです。

その選挙人は州ごとに選びます。全米50州と首都ワシントンを含めた51の地域で大統領選挙人を選んでいきますが、州によって選ぶ人数が違います。人口の多い州は選挙人の数が多く、人口の少ない州は数が少なくなります。

59ページの図を見てください。これを見ていただくとわかるように、選挙人の総数は538人です。図には州ごとの選挙人の数も書かれています。人口の多いカリフォルニア州の大統領選挙人は54人（2020年の選挙の時は55人でした）、一方、アラス

大統領を選ぶ「選挙人」の決め方

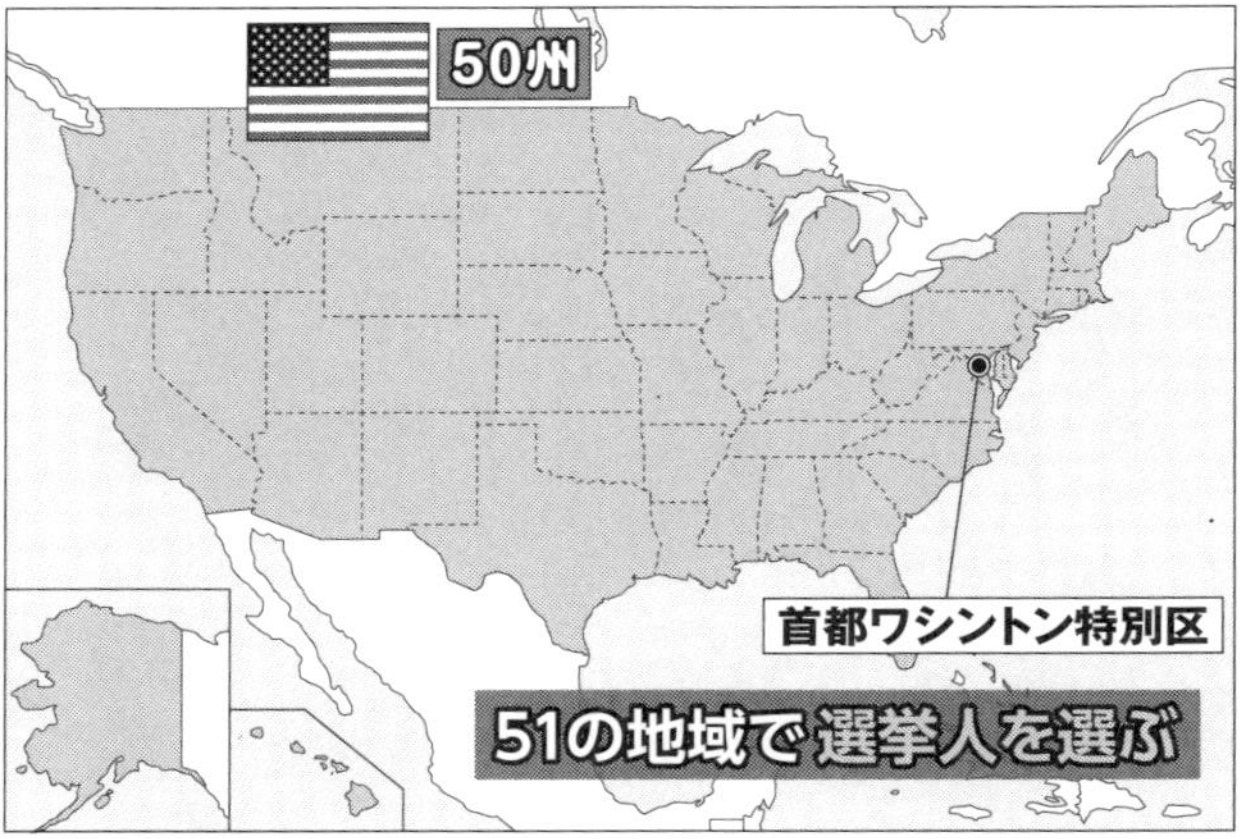

人口に比例して変わる選挙人の数

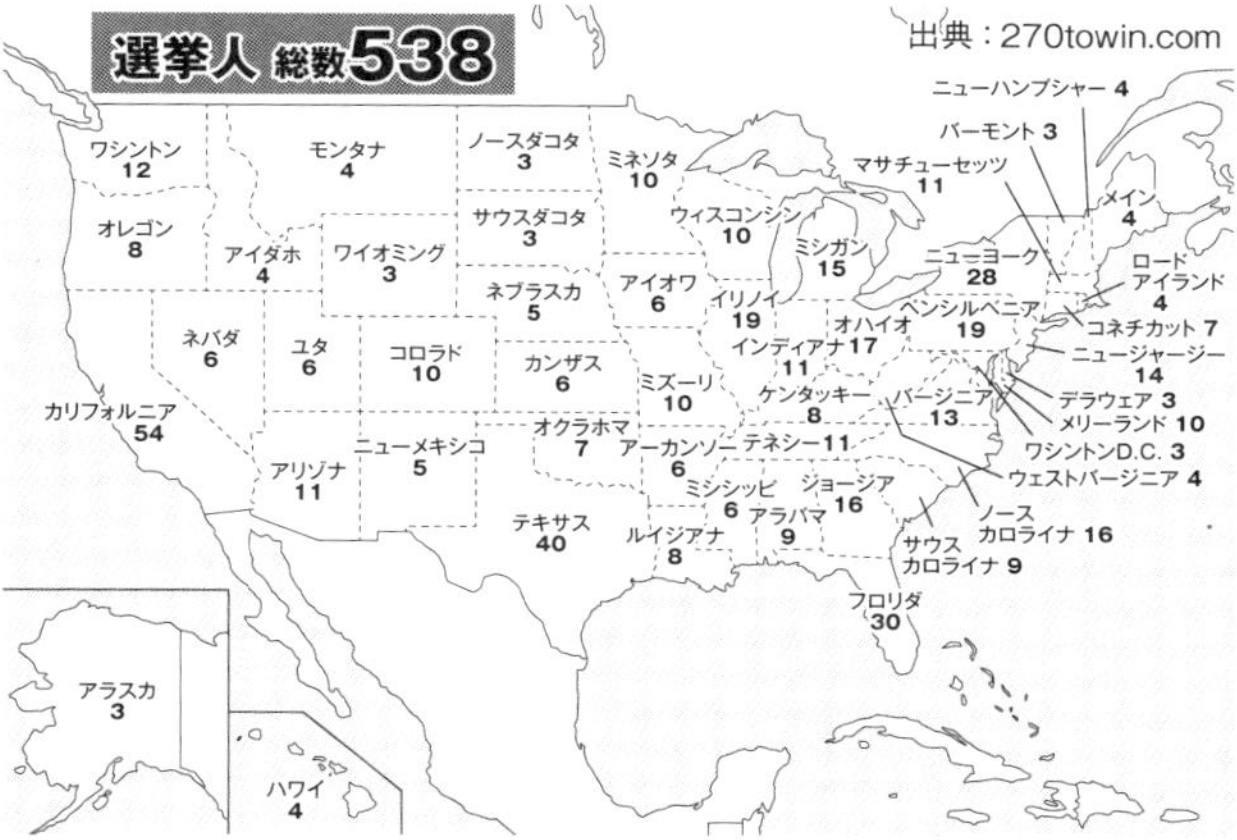

カ州やノースダコタ州は人口が非常に少ないので3人しかいません。首都ワシントンも3人です。

　こうやって人口に比例して選挙人の数を割り当てています。

●選挙人の総取り方式とは？

　問題は、州ごとに割り当てられた選挙人のうち民主党と共和党がそれぞれ何人獲得するかです。実は得票数に応じて振り分ける方式を採用しているのはメイン州とネブラスカ州だけで、他の州と首都ワシントンは、1票でも多く得た方が選挙人を総取りする方式です。

2020年の大統領選挙では、振り分け方式をとるメイン州は、選挙人4人のうちバイデン候補が3人、トランプ候補が1人を獲得、ネブラスカ州は選挙人5人のうちバイデン候補が1人、トランプ候補が4人を獲得しました。これはわかりやすいですね。

わかりにくいのは選挙人の総取り方式です。たとえば州の選挙人が10人だとしましょう。このとき、民主党も共和党もそれぞれ10人の選挙人を用意します。選挙の結果、トランプ候補の得票数が相手候補の得票数を上回ったら、その差がたった1票であっても、その州の選挙人の枠を共和党が総取りするという仕組みです。

この戦いを2州を除く全ての地域で行い、1人でも多くの選挙人を獲得した候補が大統領になるのです。まさに陣取り合戦ですね。

正確に言うと、選ばれた選挙人は12月になってから、大統領を選ぶための投票を行います。これが選挙人投票です。民主党の選挙人は民主党候補に票を投じ、共和党の選挙人は共和党候補に票を投じますから、既に獲得した選挙人の数が民主党の方が多ければ民主党の大統領が、共和党の方が多ければ共和党の大統領が誕生します。

選挙人の総取りとは？

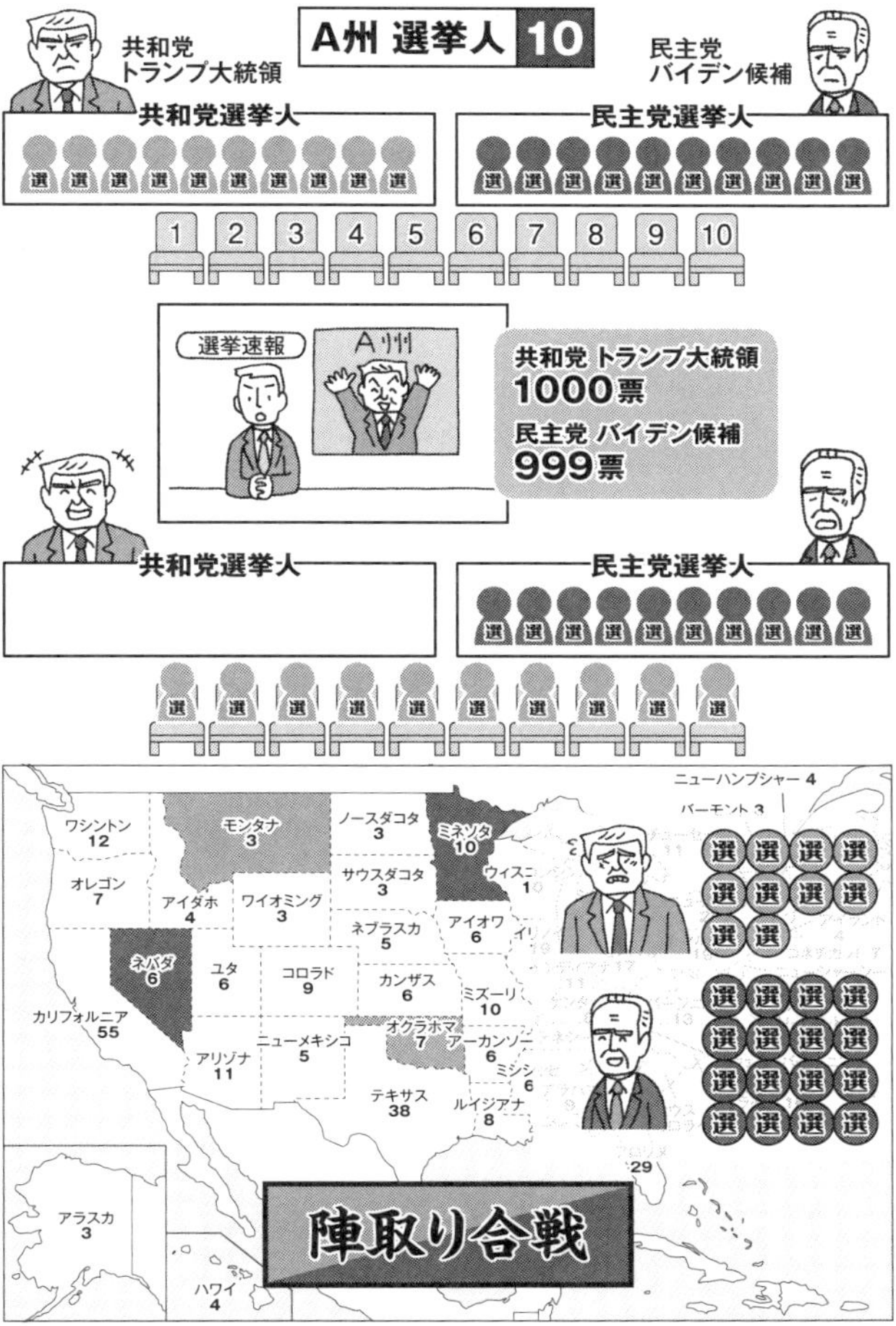

メイン州・ネブラスカ州は得票数での振り分けを併用　　※2020年の米大統領選挙をもとに作成

選挙人の総数は538人。ということは、過半数の270人を獲得した方が勝ちです。選挙人の数で勝敗が決まるため、一般投票での得票数が少なくても選挙に勝利することは十分あり得ます。

たとえば2016年の大統領選挙がそうでした。このときは共和党トランプ氏が306人の選挙人を得て勝利。ところが、得票数では約6585万票を獲得した民主党ヒラリー・クリントン氏に負けていました。

都市部の方が選挙人が多いので、都市部に強い民主党が有利と思うかもしれませんが、そうとも限らないのです。実は州によって伝統的に民主党が強い州、共和党が強い州がはっきり分かれていて、塗り分けると64ページの図のようになります。

たとえばカリフォルニア州はいつでも民主党が勝ち、モンタナ、ワイオミング、アイダホの3州はいつでも共和党が勝ちます。共和党が強い州をレッドステイト（赤い州）、民主党が強い州をブルーステイト（青い州）と言います。これはテレビの選挙特番で民主党が勝ったところを青く、共和党が勝ったところを赤く塗っていたことからそういう名前が付きました。

2016年大統領選の結果

©Mykhaylo Palinchak／SOPA Images via ZUMA Press Wire／共同通信イメージズ「ZUMA Press」

共和党 ドナルド・トランプ氏	民主党 ヒラリー・クリントン氏
投票 約6298万票	投票 約6585万票
選挙人獲得数 306	選挙人獲得数 232

出典：米連邦選挙委員会

図をよく見てください。一つ一つの州の選挙人の数は少なくても農村地帯は圧倒的に共和党が強く、民主党はごく一部です。アメリカ全体で見ると、民主党と拮抗《きっこう》するだけの勢力を有しています。結果として、民主・共和の選挙戦はいつもいい勝負になるのです。

レッドステイトでもブルーステイトでもないところは、毎回どちらが勝つかわからない激戦州です。この数少ない激戦州で勝つことが勝負の決め手になるといわれています。

なお、この図は2020年の大統領選挙前、10月14日時点の予想図です。

2020年大統領選の事前予想

選挙人 総数538　過半数 270

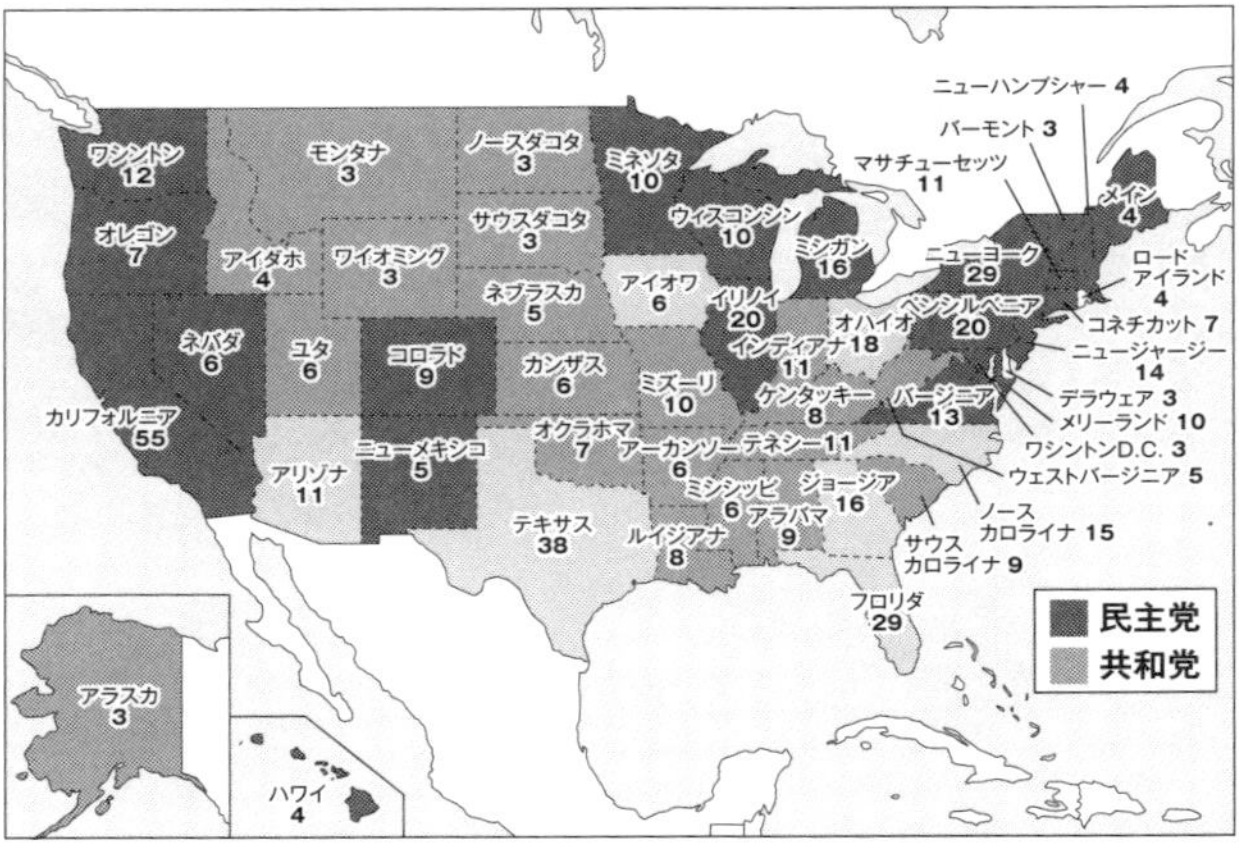

出典：270towin.com（2020年10月14日時点）

共和党が強い州	民主党が強い州
レッドステイト	ブルーステイト

ペンシルベニア州、ミシガン州、ウィスコンシン州がブルーステイトになっていますが、今ではこれら3州は激戦州に分類されています。

●大荒れだった2020年の大統領選

２０２０年の米大統領選挙は大荒れとなりました。選挙結果が確定するまでかなり時間がかかったのです。

通常、選挙結果は一般投票の翌日には、選挙人獲得人数が判明しますが、この年はそうはいかない特別な事情がありました。原因は新型コロナウイルスの感染拡大です。投票所に行って投票すると新型コロナに感染するかもしれないという理由で、郵便で投票する人たちが大勢いました。

日本にも郵便投票はありますが、障害があって投票所に足を運ぶのが難しいなど、一部の体の不自由な人にだけ認められています。対照的にアメリカでは、誰でも郵便投票できます（利用規程は州ごとに異なります）。

新型コロナの感染者が世界で一番多かったのがアメリカ。20年10月には１日８万人

アメリカの新型コロナ新規感染者数の推移

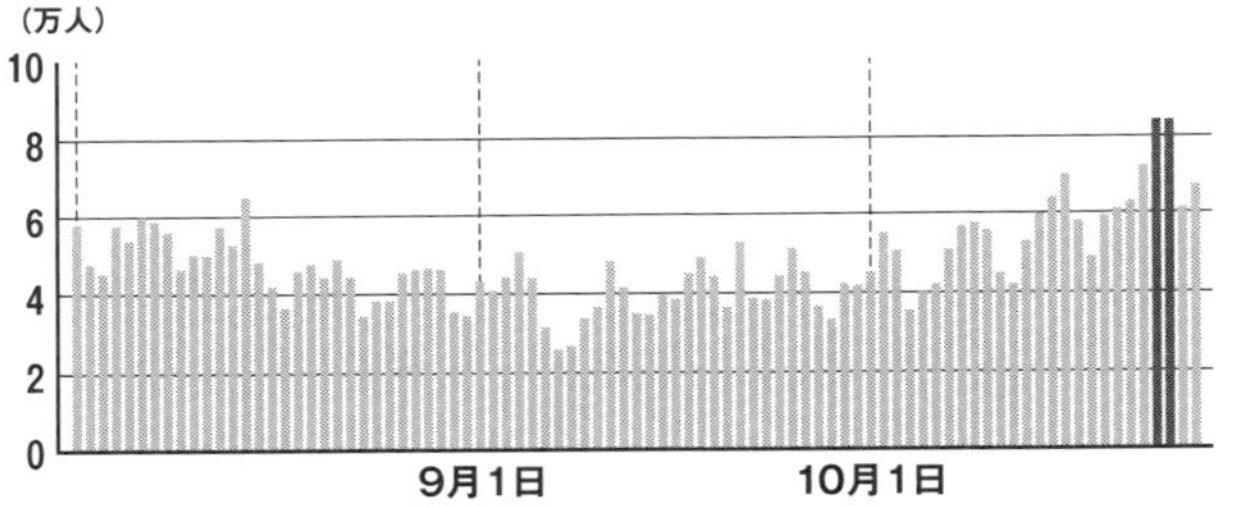

2020年10月23日
新規感染者過去最多 約8万3000人

出典：ジョンズ・ホプキンス大学
2020年10月27日時点

を超す新規感染者が出たため、郵便投票を利用する人が続出しました。ところが、その集計方法は州によってバラバラです。投票日の11月3日までに届かなくても、3日の消印があれば2～3日遅れて到着した分も有効とした州があります。こうなると集計には当然時間がかかります。

当時、トランプ候補は「郵便投票は当てにならない。不正が行われるかもしれない」として郵便投票を批判し、「投票所で投票を！」と呼びかけていました。これを受けてトランプ氏の支持者の多くは投票所に行って投票していました。

一方のバイデン候補は郵便投票大歓迎です。「投票所に行けばマスクをしない人もいて感染するかもしれない。感染が心配な人は郵便投票を！」と呼びかけました。

これによって何が起きたかというと、開票が始まった当初はトランプ氏の票が多かったのです。ところが、郵便投票の開票が進むにつれてバイデン氏の票がどんどん伸びていきました。遅れて到着する分もバイデン氏優勢だったため、集計に何日もかかった挙げ句、最後はバイデン氏勝利で決着した州がいくつもありました。

この結果に異議申し立てをしたのがトランプ氏です。郵送票は無効だ、票の集計機に不正があった、監視人が立ち会わないまま開票が行われたなどと主張して次々に裁判を起こし、法廷闘争に持ち込みました。

しかし、共和党側が郵送票の無効を訴えたペンシルベニア州の裁判は、州最高裁が訴えを却下。トランプ陣営が頼みとする保守派判事の多い連邦最高裁も同様に却下しました。

さらに、バイデン氏勝利の四つの州（ペンシルベニア州、ミシガン州、ウィスコンシン州、ジョージア州）で選挙結果の無効を訴えた裁判では、12月11日、連邦最高裁が訴えを退けました。

こうして、大統領選の投票日から1カ月以上経って、バイデン候補の勝利がほぼ確定。選ばれた大統領選挙人たちは12月14日に50州と首都ワシントンで投票を行い、バイデン候補を第46代大統領に選出しました。

それでもまだ「勝ったのは私だ」と言い続けたのがトランプ氏です。

第2章

不法移民と銃社会をめぐる混乱

——テキサス州から今のアメリカがわかる

◉2024年大統領選挙で注目されたテキサス州

テキサス州は2024年大統領選挙でカギを握る州の一つでした。そこで24年3月、テキサスの最近の状況とアメリカで何が起きているのかを知るために、現地取材をしました。

まず場所を確認しましょう。アメリカの南部にあってメキシコと接しているのがテキサス州です。羽田から直行便で約12時間かけてダラス・フォートワース国際空港に到着、そこから車でダラスへ向かいました。

池上 ダラスというと、私くらいの世代ですと、ケネディ大統領が暗殺された地として記憶にとどめている方が多いのではないでしょうか。今、事件があったエルム通りの現場に来ています。道路のところに×印が描かれていて、ここでケネディ大統領は撃たれました。

その日、大統領夫妻を乗せたオープンカーは、ヒューストン通りを大きく左に曲が

メキシコに隣接するテキサス州

ってエルム通りに入り、ゆっくりとしたスピードでこちらに進んできました。左折したあたりには、エルム通りに面して茶色のビルが建っています。これは当時、教科書倉庫でした。ケネディ大統領を撃ったオズワルドという人物は、このビルの６階の窓から狙って撃ったということです。

ただし、オズワルドは逮捕された後、すぐに暗殺されてしまいました。そのため、犯行の動機などはっきりしたことがわからないままになっています。

１９６３年11月22日に起きたケネディ

ケネディ大統領暗殺事件

提供：Victor Hugo King／Library of Congress／ロイター／アフロ

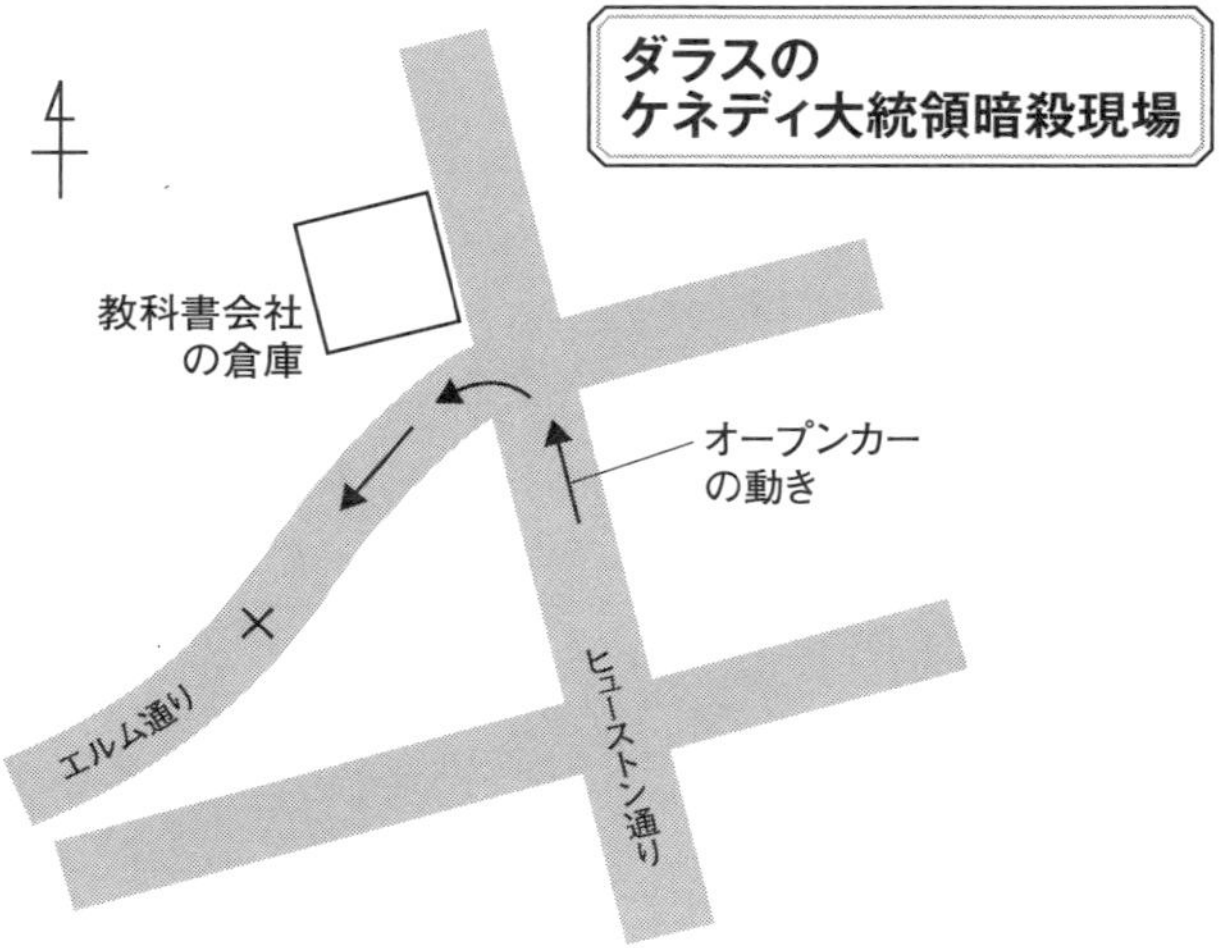

大統領暗殺事件。ケネディ氏はパレード中に銃撃され、46歳の若さで無惨な死を遂げました。その場所がテキサス州ダラスです。

●古き良きテキサスにタイムスリップ

あなたはテキサスというとどんなイメージを持っていますか？　昔ながらのテキサスの雰囲気が味わえる場所を訪ねました。

池上　テキサス州ダラスの隣のフォートワースという町に来ました。テキサスというと、多くの日本の人が思い出すのがロデオ（暴れ馬を乗りこなす競技）やカウボーイではないでしょうか。ここには古き良きテキサスの街並みが保存されています。昔はよくテレビで見たものですけど、今は見ないですよね。日本の子どもたちがロデオのことをどれだけ知っているのかなと思うと少し不思議な感じで、ちょっと寂しい感じもします。

ロデオやカウボーイの街、フォートワース

フォートワースは古い街並みが残る観光地で、テキサスのイメージどおりの場所です。カウボーイ風の人も多く見られ、通りを馬車が闊歩《かっぽ》しています。

池上　今から牛のパレードがあるそうです。もうすっかり観光資源になっていて、大勢の人がその牛のパレードを見に来ています。まもなく始まります。おお、ツノが長い、ロングホーンというテキサスの牛ですね。これはツノが長くてバランス取るのが大変そうだ。

ロングホーンはツノが長い牛のこと。テキサス州はアメリカの石油や天然ガスの多くを生産している州ですが、このようにカウボーイが活躍した昔ながらのイメージを大事に守っています。

◉ダラスに世界各地の本社が集まった

近年、テキサスのイメージは大きく変わりました。観光地で見た光景はあくまで昔のテキサスです。現地取材をして初めてわかったことですが、ダラスはアメリカ屈指の近代的な都市になっています。

池上　今やテキサスというと、こういう街並みが普通です。巨大な高層ビルが建ち並び、ＩＴ産業や金融産業がどんどん進出してきています。名だたる様々な企業もここに本社を移転させています。私が立っているこの通りの名前はヘッドクオーター・ストリート、その名も本社通りというわけです。

アメリカを代表する金融やＩＴの街になりつつあるテキサス。オーストラリアから本社を移転したＩＴ系企業のＣＥＯに話を聞きました。

池上　なぜダラスを選ばれたのでしょうか？

ＣＥＯ　多くの会社がダラスに集まっていたので、私たちも2年前ここに本社を移しました。

池上　なぜニューヨークではなくダラスなんですか？
ＣＥＯ　ここダラスはどんどん成長しているので、私たちのようなベンチャー企業にとって、とても魅力的な場所だと思いました。
池上　企業が払う税金が安いと聞いています。そういうことはやはり魅力的ですか。
ＣＥＯ　その通りです。
池上　テキサスというと、どうしてもカウボーイの街だったり、砂漠があったりと、そんなイメージがありますが。
ＣＥＯ　私もそう思っていましたけど、来たら全然違いましたよ。（笑い）

アメリカにはニューヨークやシリコンバレーなどいろいろな大都市がありますが、このダラスは国際空港もあって交通の要衝《ようしょう》に位置し、優秀な人材を大勢集めることができます。それに加えて税金が安いのも大きな魅力です。

ダラス・フォートワース国際空港は世界で３番目に忙しい空港ともいわれ、日本最大手のトヨタ自動車の北米本社もダラスに移転してきました。

世界の名だたる企業が進出している「本社通り」

提供：テレビ朝日

ヘッドクオーターST(本社通り)

提供：テレビ朝日

テキサスの名物「Ｔボーンステーキ」

　また、いろいろな企業が集まったことで、ダラスはアメリカ屈指のグルメ街になっています。

池上　テキサスといえば、やはりステーキですね。お勧めのＴボーンステーキを頼んでみました。ちゃんと骨があってＴの字になっています。

　我々のような世代だと、何となくアメリカのステーキは固くて噛《か》みきれないというイメージでしたけど、今は劇的にやわらかくなっていますね。日本で食べるのとほぼ同じくらいやわらかく、美味しく食べられるようになっています。

ちなみに私は、肉と魚では、肉の方が好きです。

◉テキサスで大統領気分になれる場所⁉

ダラスに来たら立ち寄ってみたい場所の一つが、テキサス州知事も務めたジョージ・W・ブッシュ元大統領（第43代）の記念館です。

大統領時代のいろいろな活動の展示物のほか、ホワイトハウスの大統領執務室を再現した部屋もあります。

池上　見学者の人たちはここで大統領執務室のイスに座って大統領気分を味わうというのが定番のコースです。

大統領のイスに座って記念撮影するのは有料。そのイスも含めて机やその他の備品は、どれも本物を再現したリアルなレプリカです。

ジョージ・W・ブッシュ元大統領の記念館

ダラスの観光名所の1つ

テキサス州知事も務めた第43代大統領

ジョージ・W・ブッシュ元大統領の記念館

ホワイトハウスの大統領執務室を再現

池上　机の上にある電話は、大統領がいろいろな関係者にボタン一つで連絡ができるようになっていて、その横に赤いボタンの箱があります。ドナルド・トランプさんは大統領の時に、ダイエットコーラを飲みたくなるとこれを押したそうです。

●アメリカで問題となっている不法移民

アメリカで今特に問題になっているのが不法移民です。中でもテキサス州では深刻な問題に。

池上　テキサス州はアメリカ南部にありメキシコと国境を接していることによって、メキシコからの不法移民、あるいは中南米の国々からメキシコを経由してこちらに入ってくる不法移民が大勢いることが大きな問題になっています。街頭でメキシコから来た移民にインタビューしました。

テキサスでは、メキシコからの不法移民が大きな問題

写真：©Allison Dinner／ZUMA Press Wire／共同通信イメージズ「ZUMA Press」

池上　アメリカにはいつ頃来たんですか？
移民Ａ　30年以上前ね。
池上　アメリカにはどうやって入りました？
移民Ａ　歩いて。あと川を泳いだりして4日かかった。
移民Ｂ　俺は5年前、メキシコから川を渡ってやってきたよ。多くの人が途中で死んでいるから本当に命がけだった。

メキシコだけでなく、中南米からも多くの不法移民が仕事を求めてアメリカにやってきます。移民をサポートする教会の牧師さんに話を聞くことに。

池上　移民の人たちをサポートしていると聞いたのですが、なぜそういうことをしてらっしゃるんですか？
牧師　教会は困っている人たちを助ける場所ですし、人助けが大事なことは聖書にも書いてあります。

不法移民をサポートする教会の牧師

教会は困っている人たちを助ける場所

提供：テレビ朝日

寄付された衣類や生活用品、食品類

提供：テレビ朝日

池上　ただ、アメリカでは不法移民、こちらではundocumented（登録されていない）と言うのかな、その人たちを助ける人がいるから不法移民が入ってくると見て、むしろ反対する人もいますね。

牧師　アメリカは移民の国です。そもそも移民でできた国だから、受け入れるのは当然だと思います。

この教会ではＮＧＯなどが連れてくる移民に移民の公的な手続きをレクチャーし、全米各地の受け入れ先に送り届けているそうです。教会の中には寄付された衣類や生活用品、食品類が大量に保管されていました。

池上　ここ（衣類や生活用品などを集めた部屋）で移民の人たちはみんな着替えて、特に国境を越える時に靴を傷めたりしているので、ここで履き替えて、新しいスタートを切るんだそうです。もう下着から何からみんなあるよね。

「移民がいなければアメリカはただの国」!?

移民	約4700万人 無資格 1050万人 出典：Pew Research Center	人口の約14%
労働人口 (2022年)	約1.6億人 （1995年から3000万人増） 出典：Cato Institute	増加分の7割が移民とその子ども

●経済が発展しているのは移民のおかげ

日本は少子高齢化で労働人口は減少傾向にあり、経済もまだデフレを完全脱却するところまでいっていません。これに対し、ずっと経済成長を続けているのがアメリカ。その理由の一つが移民だといわれています。

池上　移民は約４７００万人。人口の約14パーセントが実は移民なんですね。そのうち無資格、つまり不法移民が１０５０万人もいます（出典：Pew Research Center）。アメリカの労働人口は1995年から3000万人増えていますが、その7割が移民とその子どもです（出典：Cato Institute）。アメリカの人口がどんどん増えて経済が発展しているのは移民によって支えられているから。それゆえ、「移民がいなければアメリカはただの国」と指摘する専門家もいるほどです。

驚いたことに、移民に寛容な政策をとってきたアメリカには、こんな場所までありま す。

池上　不法移民をかくまう都市。サンクチュアリ・シティ（聖域都市）と言いますけれど、ニューヨークやロサンゼルス、シアトル、シカゴなどは、不法移民をかくまう都市とされています。たとえば強制送還させようという入国管理当局に対して、こういう都市は入国管理当局への協力を拒否して強制送還を阻止してしまいます。

つまり、不法移民であっても、ニューヨークに入ってきてしまえば、ニューヨーク市としてその人たちを助けてあげるよ、国外追放させないように守ってあげるよという、こういう都市があるのです。

ニューヨーク市では、移民の人権を守るために食料などを援助したり職業訓練を行ったりと、かなり手厚いサポートをしています。

さらには、不法移民だというのにこんなものまで認められることも。

池上　運転免許証の交付を受けることもできるのです。まだ正式に登録されていない不法移民であっても、試験に通りさえすれば運転免許も取れます。というわけでアメリカは、とにかく入ってしまえば、特にニューヨークやシアトルなどの聖域都市に入ればもうこちらのものという情報が出回っていて、そういうかたちで不法移民が大勢入ってきています。

アメリカは入国したら移民にやさしい国です。でも、不法移民が増えて流入が止まらないため軋轢《あつれき》が起きているのが現実です。

かつてトランプ大統領はメキシコとの間に壁を作ると言って、これが大きな政治問題になりました。２０２４年の大統領選挙でも不法移民にどう対処するかが争点の一つでした。難しい問題だけに今後も議論は続くことでしょう。

●なかなか銃の規制が進まないアメリカ

アメリカではたびたび銃による事件が発生し、大きなニュースになります。テキサス州は全米の中でも銃規制が緩《ゆる》い地域です。今はどうなっているのでしょうか。

池上　ダラス市内の銃専門店にやってきました。ここではどんなものが売られているのか早速見てみましょう。

拳銃やライフル銃が並んでいます。戦争に使えるような本格的なものもありますね。これまで何軒か銃砲店を取材したことがありますが、こんなに広々としているところは初めてです。

この銃砲店は店内に射撃場があり、誓約書にサインすれば誰でも射撃を体験できるとのこと。

池上　ガラスケースに並んでいるのは拳銃ですが、これもかなり凄いですね。普通の簡単な拳銃というよりは本格的。オススメはどれですか？

店員　これはどうでしょう。銃口は常に下に向けてください。

池上　かなり重い。ずっしりと重いですね。主にどんな人が買いに来るのですか？

店員　趣味として楽しむ人やハンティング、あと護身用として購入する客が多いかな。

池上　これ（グロック社のＧＬＯＣＫ 43Ｘ ＭＯＳ）だとかなり小型で護身用として女性も持ちやすいというので、一番ポピュラーなタイプですね。５８５ドル（約８万８０００円、１ドル＝１５０円で計算）です。

このライフル銃、凄いですねえ。５万円ちょっとですよ。これならほんとに気軽に買うという人たちはいますよね。

ダラス市内には多くの銃砲店があり、中にはとても気軽に入れる店や家族連れが来る店もあります。

池上 アメリカでなぜ銃の規制が行われないかというと、憲法で銃を持つ権利が保障されているからです。イギリスから独立する時に、アメリカ人はみんな銃を持っていました。それでイギリス軍と戦って独立を果たすことができた。「銃を持つ」ということは、自分たちが独立を果たしたその象徴のようなものです。ですから、銃を規制しようとしても、「いや、憲法で権利が認められているじゃないか」という反対運動があり、なかなか規制が進まないという現実があるのです。

実際に街で聞いても、銃を持っている人ばかりでした。

男性A 憲法で認められているから問題ないと思う。

男性B 私も護身用に銃を持っているけど、我々は銃を持つ権利を与えられている。

憲法で銃を持つ権利が保障されている

ダラス市内の銃砲店

340ドル
（約5万1000円）
1ドル=150円で計算

585ドル
（約8万8000円）
1ドル=150円で計算

住民のほとんどは1丁は持っていると思うよ。
女性　銃は持っているわ。家の周りに危険な動物がいるからね。

取材してわかったことですが、拳銃よりも戦争で使うようなものの方がはるかに安いのです。これにはビックリですね。女の子用にピンクの可愛らしいライフル銃を売っている店もありました。

●テキサスはトランプ支持者が多い場所

大統領選挙で注目されたテキサス州。ここは40年以上も共和党支持が続いてきました。

池上　24年11月の大統領選挙は誰に投票しますか？
黒人男性A　ドナルド・トランプ。
池上　それはなぜ？

黒人男性A　彼は女好きだよ。それの何が悪いんだよ。女好きが大統領になっちゃいけないのか？　トランプは本物の男だよ。

池上　トランプさんは白人の支持が多くて黒人の支持が少ないと言われていましたが、今回は黒人の支持が増えているといわれています。

池上　もともとアメリカの人ですか？

黒人男性B　（日本語で）あ、はい。

池上　あ、あれ。どうして日本語できるの？

黒人男性B　日本に留学経験があり、高校と大学で勉強しました。

池上　そうなんだ。なんとまあ。ここでどんな仕事をしていますか？

黒人男性B　金融系の仕事をしています。

池上　あなたは共和党、民主党、どちらを支持します？

黒人男性B　家族は昔から民主党支持なんだけど、僕は無党派で今年どちらを選ぶかはまだわからないです。

白人男性　前回はトランプを支持したけど、今回はまだわからないです。

●熱狂的なトランプ支持者の意見とは!?

トランプ氏が大統領になったら一体どうなるのか？　「もしトラ」と言って、日本でもこれを心配する声はよく聞かれます。アメリカ人はトランプ氏をどう思っているのでしょうか？

池上　テキサスの街頭で政治について聞くと、なかなか言いたくないという人もいるんですね。でも、テキサス全体だとやはり共和党あるいはトランプさんが好きだという人が多くいます。そこで、トランプ支持の理由をちゃんと言ってくれる人たちがいたので話を聞いてみました（2024年3月の取材時の大統領候補はトランプ氏とバイデン氏）。

池上　トランプさんを支持していると聞いたのですが、それはどうしてですか？

音楽の先生　彼が大統領になったら経済がよくなります。

運送会社マネージャー　偉大なるビジネスマンだからこの国を大成功に導くよ。個人的に性格は好きじゃないけど、大統領としては優れているよ。

池上　なぜバイデン大統領ではダメなんですか？

学校関係者　アメリカファーストじゃないから。

音楽の先生　身体的な不安もあるし、アメリカにとってバイデン氏では弱いわ。

池上　トランプさんの場合、不倫をしたポルノ女優に口止め料を払ったのではないかといって裁判になっています。そういう女性関係でいろいろ問題を起こすことについて女性としてどうですか？

学校関係者　他の政治家だっていろいろな悪いことをしてますよね。誰でも私生活ではいろいろあります。

音楽の先生　彼を好きじゃない人たちが裁判で判断をすることもあるので、そもそも真実かどうかわからないわ。

池上　特にトランプ前大統領はウクライナの支援をするくらいなら、もっとアメリカのためにカネを使えという言い方をしています。

学校関係者　その通りだと思います。そもそも私たちが目にする報道が真実かどうかわかりません。

運送会社マネージャー　ロシアがウクライナのクリミアに侵攻したのはオバマ大統領の時ですよね。トランプが大統領なら（ロシアは）そんなことはしていません。

池上　11月の大統領選挙ではトランプさんが勝つと思いますか？

運送会社マネージャー　公正な選挙が行われたら勝つと思います。

池上　総じてトランプ支持者は、このところインフレでひどく物価が上がって生活が苦しくなった。これはバイデンのせいだと。でも、トランプはビジネスマンだからアメリカの経済をよくしてくれると信じているわけです。そして24年11月の選挙は「公正に行われればトランプが必ず勝つだろう」と言っています。ということは逆に、もしトランプが負けたら、「これは公正な選挙ではなかった」と言って、また大きな問題になるのかなと思いました。

◉盛り上がるスーパーチューズデー

私がテキサスに飛んだのは3月です。ニュースではスーパーチューズデー（火曜日）と言って盛り上がっていましたが、大統領選挙本番は11月です。この時期は何をやっていたのでしょうか。

テキサスでは、街の人に「バイデンさんとトランプさん、どちらを支持しますか？」とインタビューしました。これは少々気の早い質問で、実は民主党と共和党が大統領候補を正式に決めるのは夏の党大会です。共和党は7月に、民主党は8月に党大会を開いて、ここで正式な大統領候補を決め、そこから本格的な大統領選挙になるのです。

3月はまだ予備選挙の時期で、名乗りを上げた複数の人の中から大統領候補として共和党ならこの人、民主党ならこの人と州ごとに党員が決めていく段階です。実際には、3月5日の火曜日にたくさんの州で一斉に予備選挙が行われ、これによって誰が正式な候補になるのかほぼ決まってしまいます。そこでスーパーチューズデーと呼ば

盛り上がるスーパーチューズデー

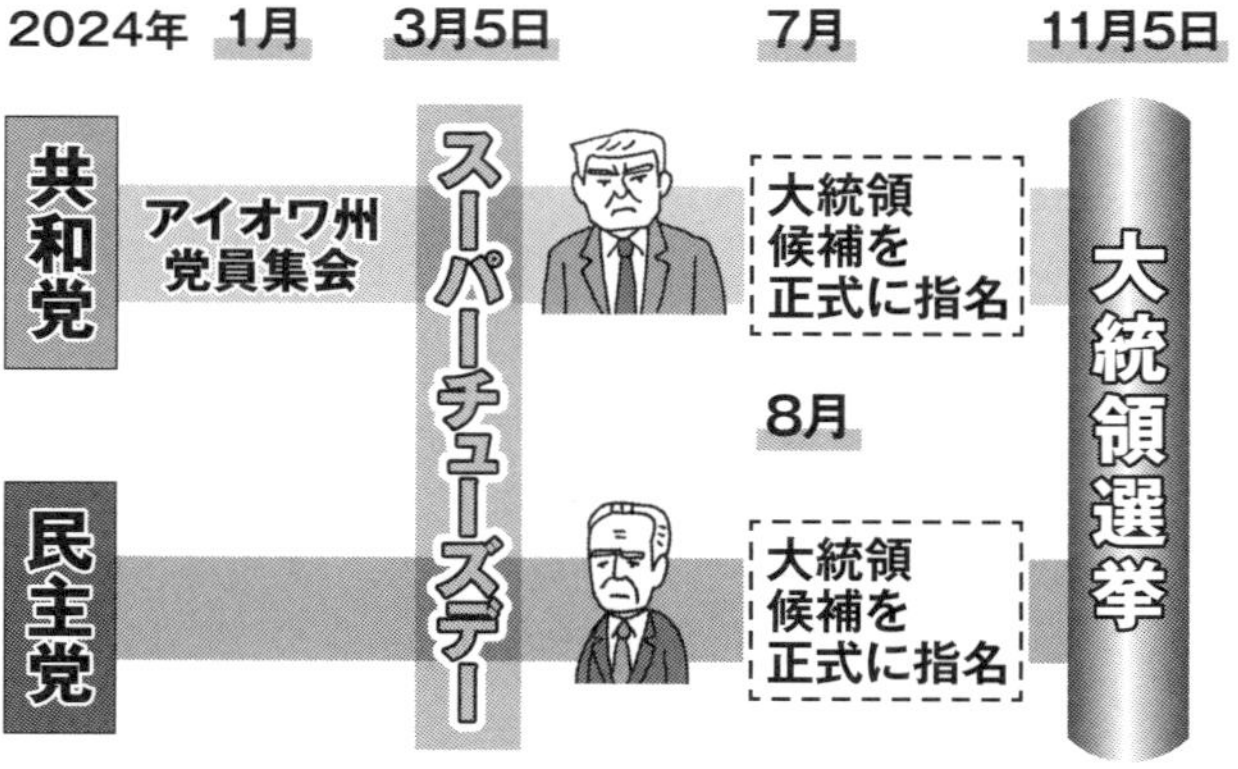

れるようになりました。

２０２４年の大統領選挙は、スーパーチューズデーの結果、民主党の大統領候補は２期目を目指すバイデン大統領、共和党の候補はトランプ前大統領にほぼ決まったのです。まさに4年前の選挙の再現になるかもしれないということで、大きなニュースになったわけです。

●高齢不安でバイデン大統領が選挙戦撤退

ところがその後、大統領選挙の構図に大きな変化が生じました。民主党のバイデン大統領が選挙戦から撤退したのです。

24年6月末に米メディアCNNが主催したテレビ討論会で、トランプ前大統領が饒《じょう》舌《ぜつ》にバイデン氏への批判を続ける一方、バイデン大統領は声がかすれ、受け答えに精彩を欠きました。これがきっかけとなって、民主党陣営から「バイデン氏では勝てない」という声が噴出。ついにバイデン大統領は7月21日、再選の断念を表明しました。

この間、7月13日にはトランプ氏が選挙集会で銃撃され、右耳を負傷するという衝

トランプ氏、暗殺未遂事件

提供元：Abaca Press／共同通信イメージズ

撃的な事件も起きています。銃弾の軌道がほんのわずか右に寄っていれば、トランプ氏の命はなかったかもしれません。

選挙戦から撤退したバイデン大統領が代わりに推薦したのがカマラ・ハリス副大統領です。黒人女性初の大統領誕生への期待からハリス人気が高まり、それまで劣勢だった民主党陣営が盛り返しました。ハリス氏は、共和党トランプ氏と互角に戦える民主党大統領候補として、8月の民主党大会で正式に指名されます。

米メディアＡＢＣが主催した9月10日のテレビ討論会は「ハリス氏が勝った」とする見方が多く、全米の世論調査でも両候補の支持率が拮抗《きっこう》、もしくはハリス氏がやや上回るようになります。

ところがその後、物価上昇に苦しむ国民が増え、「こんなに生活が苦しくなったのはバイデン大統領とハリス副大統領のせいだ」と考える人が多くなり、結局トランプ氏が当選しました。

第3章

「世界ナンバー1」の国、アメリカ

――アメリカ大統領が代わると世界が変わる

●世界と日本を変えたアメリカ大統領

アメリカの新しい大統領がドナルド・トランプ氏に決まりました。「アメリカで大統領が代わったからといって、私たちに何の関係があるの?」と思う人もいるかもしれません。でも、大いに関係があるのです。

アメリカの大統領が代わると、その影響は世界各国に及びます。日本もこれまで安全保障の在り方や文化、食べ物が変わるなど様々な影響を受けてきました。アメリカ大統領選挙は、それだけ大きなインパクトのある出来事です。

ここでは歴代の主な大統領について見ながら、日本とアメリカの関係を振り返りましょう。

1789年に初代大統領が誕生してから直近の第46代バイデン大統領まで全部で45人のアメリカ大統領がいました。途中、第22代と第24代の大統領が同一人物なので、人数は一人減って45人です。

全員の名前と任期を表にまとめました。有名な名前もたくさんありますね。あなた

アメリカ歴代大統領

	氏　名	任　期
1	ジョージ・ワシントン	1789-97
2	ジョン・アダムス	1797-1801
3	トーマス・ジェファーソン	1801-09
4	ジェームズ・マディソン	1809-17
5	ジェームズ・モンロー	1817-25
6	ジョン・クィンシー・アダムズ	1825-29
7	アンドリュー・ジャクソン	1829-37
8	マーティン・ヴァン・ビューレン	1837-41
9	ウィリアム・ハリソン	1841 （在任中に死亡）
10	ジョン・タイラー	1841-45
11	ジェームズ・ポーク	1845-49
12	ザカリー・テイラー	1849-50 （在任中に死亡）
13	ミラード・フィルモア	1850-53
14	フランクリン・ピアース	1853-57
15	ジェームズ・ブキャナン	1857-61
16	エイブラハム・リンカーン	1861-65 （在任中に暗殺）
17	アンドリュー・ジョンソン	1865-69
18	ユリシーズ・グラント	1869-77
19	ラザフォード・ヘイズ	1877-81
20	ジェームズ・ガーフィールド	1881 （在任中に暗殺）
21	チェスター・アーサー	1881-85
22	グロバー・クリーブランド	1885-89
23	ベンジャミン・ハリソン	1889-93
24	グロバー・クリーブランド	1893-97

	氏　名	任　期
25	ウィリアム・マッキンリー	1897-1901 （在任中に暗殺）
26	セオドア・ルーズベルト	1901-09
27	ウィリアム・タフト	1909-13
28	ウッドロー・ウィルソン	1913-21
29	ウォレン・ハーディング	1921-23 （在任中に死亡）
30	カルヴィン・クーリッジ	1923-29
31	ハーバート・フーバー	1929-33
32	フランクリン・ルーズベルト	1933-45 （在任中に死亡）
33	ハリー・トルーマン	1945-53
34	ドワイト・D・アイゼンハワー	1953-61
35	ジョン・F・ケネディ	1961-63 （在任中に暗殺）
36	リンドン・ジョンソン	1963-69
37	リチャード・ニクソン	1969-74 （在任中に辞任）
38	ジェラルド・フォード	1974-77
39	ジミー・カーター	1977-81
40	ロナルド・レーガン	1981-89
41	ジョージ・ブッシュ	1989-93
42	ビル・クリントン	1993-2001
43	ジョージ・W・ブッシュ	2001-09
44	バラク・オバマ	2009-17
45	ドナルド・トランプ	2017-21
46	ジョー・バイデン	2021-2025
47	ドナルド・トランプ	2025-

は何人知っていましたか？

◉アメリカの初代大統領は？

次ページの上は初代大統領ジョージ・ワシントン（在任１７８９〜97年）の肖像画です。

アメリカがもともとイギリスの植民地だったことはご存じですね。１７７６年に独立宣言が発表され、イギリスとの独立戦争によって独立を勝ち取っています。その時の植民地軍の総司令官がワシントンで、大統領制ができるとそのまま大統領になりました。

ワシントンといえば、子どもの頃、木を切ってしまい、自分が切りましたと正直に名乗り出たという有名なエピソードがあります。「正直者ワシントン」のイメージを広めるのに役立ちましたが、実はこれ、作り話です。ワシントンが死んだ後、彼の伝記を書いた作家が創作したといわれています。

もう一度、ワシントンの肖像画を見てください。よく見ると歯を食いしばっている

植民地軍の総司令官が大統領に

アメリカはイギリスの植民地だった
初代大統領
ジョージ・ワシントン

ワシントンが着けていた当時の入れ歯

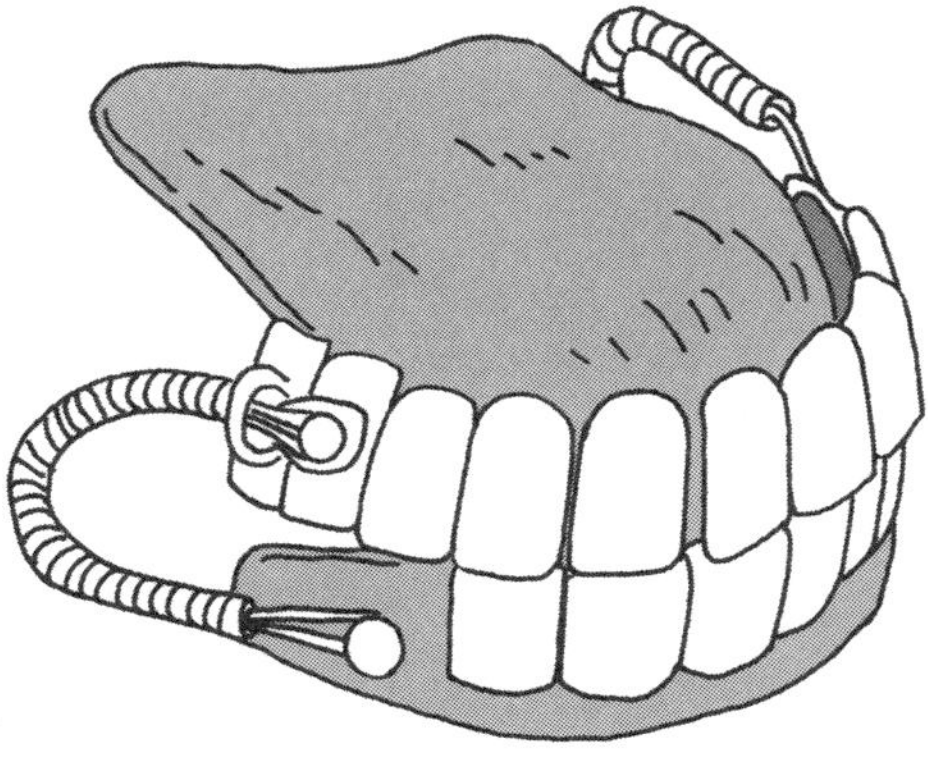

ような顔をしています。これには理由があって、実は入れ歯が飛び出さないように口を閉じているのです。

ワシントンが大統領になったのは57歳です。そのとき残っていた自分の歯は1本だけ。そこで入れ歯にしたわけですが、当時の入れ歯はバネで上下に押し付けて固定するという仕組みで、うっかり笑ったり喋《しゃべ》ったりすると飛び出しかねない代物でした。絶えず歯を食いしばっていないといけないので、こういう顔になってしまいました。

さぞかし話しにくかったことでしょう。実際、人前で話すことはあまりなかったそうです。

◉日本と交流を始めた大統領、貿易を始めた大統領

アメリカで大統領制が始まった頃の日本は江戸時代後期です。当時はまだアメリカとはほとんど交流がありませんでした。

そんな中、初めて日本とお付き合いを始めたのが第13代フィルモア大統領（在任1850～53年）です。

日本と交流を始めた大統領、貿易を始めた大統領

第13代大統領

ミラード・フィルモア

第15代大統領

ジェームズ・ブキャナン

江戸時代、日本はいわゆる鎖国状態にありました。最近は本当は鎖国ではなかったという説も出ていますが、少なくとも日本は外国との貿易を制限していました。その時にフィルモア大統領が日本に派遣したのがペリーです。誰もが知っている嘉永6（1853）年の黒船来航ですね。

日本とアメリカの長い付き合いはここから始まります。ただ、日本に開国を迫ったペリーのことはみんな知っているのに、そのペリーに「日本へ行け」と命じた大統領の名前はほとんどの人が知りません。この際、しっかり覚えておきましょう。

その後、第15代ブキャナン大統領（在任1857〜61年）の時、日米両国は正式に貿易を始めました。

●その知識は古いかも!? 歴史のアップデート

第16代大統領はあなたの知っている名前ではないかもしれません。今はリンカーンとは呼ばれなくなってきているのです。

これまでは英語のLincolnという綴《つづ》りから音を伸ばしてリンカーンと言っていまし

今は「リンカン」「ローズヴェルト」

第16代大統領
エイブラハム・リンカーン

第26代大統領
セオドア・ルーズベルト

たが、このところエイブラハム・リンカンという表記が増えてきました。学校の教科書にもリンカンと書かれています。背景にあるのは、外国の人の名前はなるべく原音に忠実にしようという方針です。

すぐ後で取り上げるルーズベルト大統領もそうで、今の教科書はローズヴェルトになっています。

奴隷解放宣言で知られるリンカーン大統領は1861年に就任し、65年に暗殺されて亡くなりました。

幕末の激動期を経て明治時代になると、日本とアメリカはつかず離れず、悪くはない関係が続きます。両国が仲良くなり始めたのは、第26代セオドア・ルーズベルト大統領（在任1901～09年）の時です。

この人は大の親日家で、日本とロシアの戦争（日露戦争）をわざわざ間に入って止めてくれたほどです。

明治後半から大正時代には、文化の面でもアメリカからジャズやパーマなどいろいろなものが入ってきて、日本人の間でアメリカへの親しみが増しました。この良好な

親日だったセオドア・ルーズベルト

親密な日米関係が文化にも大きな影響を与えた

1941年、日米戦争の開戦

日米関係が一気に悪くなったのが、もう一人のルーズベルト大統領の時代です。

第32代フランクリン・ルーズベルト大統領の在任期間は非常に長く、1933年から亡くなった45年まで12年以上に及びました。この間に勃発《ぼっぱつ》したのが第二次世界大戦です。日本との関係では日米戦争が始まりました。

ちなみに、先ほどのセオドア・ルーズベルトとフランクリン・ルーズベルトは親戚の間柄です。

◉世界を大きく変えた第33代大統領

続く第33代トルーマン大統領（在任1

９４５〜53年）の時、第二次世界大戦が終わり、日本は敗戦。戦勝国のアメリカは強大な力を持つようになり、この大統領が世界を大きく変えてしまいました。

40年以上続く◯◯を始めたのですが、これは何でしょうか？　漢字2文字です。

言うまでもなく冷戦ですね。冷戦とは、軍隊同士が直接戦う「熱い戦い（熱戦）」ではないけれども、そこに至らない範囲でぶつかり合う「冷たい戦争」のことです。

第二次世界大戦が終わったと思ったら、今度はアメリカとソ連が鋭く対立し、冷戦になりました。それをアメリカ側で始めたのがトルーマン大統領です。

彼は世界を善か悪かで二つに分けたのです。アメリカの味方は善の側、アメリカに敵対するソ連の味方は悪の側です。アメリカの味方をするのなら独裁者でもいいとアメリカは考えました。

たとえ独裁者で国民を虐待したり弾圧したりしていても、アメリカの味方をするなら援助してあげましょう。そういうことをやるようになったのがトルーマン大統領の時です。

そして、今に続く大きな問題も残されました。沖縄をはじめ各地で大きなニュース

世界を大きく変えた大統領

40年以上続く冷戦を始めた

第33代大統領

ハリー・トルーマン

世界を善の側と悪の側に分けた

アメリカの味方　　**アメリカの敵**

になっている米軍基地の問題です。

戦争に勝って日本を占領したアメリカは、日本の独立後も軍隊を駐留させます。そのために結ばれたのが日米安全保障条約（安保条約）です。

１９５１年に署名され翌年発効した安保条約は、日本国内にアメリカ軍の基地を置くが、日本がどこかの国から攻められてもアメリカには日本を守る義務はないという一方的な条約でした。

それはあんまりだということで１９６０年に改定され、アメリカに共同防衛の義務を課したのが新安保条約です。今は日本が攻められた場合、日本とアメリカが共同で外敵と戦うことになっています。

アメリカが条約を結んだ狙いは主に二つ。一つは、敵対国であるソ連や中国に地理的に近い日本に軍事基地を置いて、それらの国々ににらみを利かすこと。もう一つは、日本が二度とアメリカに逆らわないように、アメリカとの間で戦争が起きないようにすること。そういった狙いがあって日本各地にアメリカ軍基地を置いたと考えられています。

1951年 旧日米安保条約に署名

旧日米安全保障条約に調印する首席全権の吉田茂首相

写真：共同通信

アメリカが日本に基地を置くのはなぜ？

戦勝国アメリカの英雄

第34代大統領
ドワイト・D・アイゼンハワー

次の第34代アイゼンハワー大統領（在任1953～61年）は、戦争の英雄だった元軍人です。1944年6月のノルマンディー上陸作戦を指揮したことで名を上げました。

◉世界の文化を変えた大統領の計画

第35代は日本で人気ナンバー1といわれるジョン・F・ケネディ大統領（在任1961～63年）です。キューバ危機への対応と並んで、人類を月に送る宇宙計画を推し進めたことでも知られています。日本だけでなく世界の文化を変えたその計画とは、どんなものだったのでし

日本で人気ナンバー1と言われる大統領

第35代大統領

ジョン・F・ケネディ

人類を月に送る
アポロ計画

アポロ計画は人類の夢

1969年 発売当時

ょうか。

アポロ計画の名称は、お菓子の名前にも使われました。「アポロ」というチョコレートは今も販売されていますね。チョコの形状は、月面着陸させるための司令船をかたどったものです。

当時のソ連は世界初の人工衛星打ち上げに成功し、さらに有人宇宙飛行にも成功していました。後れを取り焦っていたアメリカは、ソ連に対抗するため月を目指すと宣言。しかし、その裏側には思惑も潜んでいました。

人工衛星や宇宙船を打ち上げるには、大型のロケットが必要です。そのロケットの先端に核兵器を積めば核ミサイルになりますから、宇宙開発は実は核ミサイル開発でもあったのです。米ソの間では宇宙を舞台にした冷戦、すなわち熾烈《しれつ》な開発競争が展開されていて、アメリカのアポロ計画もその一つでした。

アメリカは計画通り１９６９年、人類初の月面着陸に成功しました。この時爆発的に売れた電化製品がカラーテレビです。宇宙飛行士が月に降り立つ姿や月面の映像を見たいと思った人たちは、白黒テレビでは満足できないわけです。これ以上ない歴史

宇宙開発で競い合うソ連とアメリカ

1957年
ソ連

人工衛星
打ち上げに成功

写真：Science Photo Library／アフロ

1969年
アメリカ

月面着陸

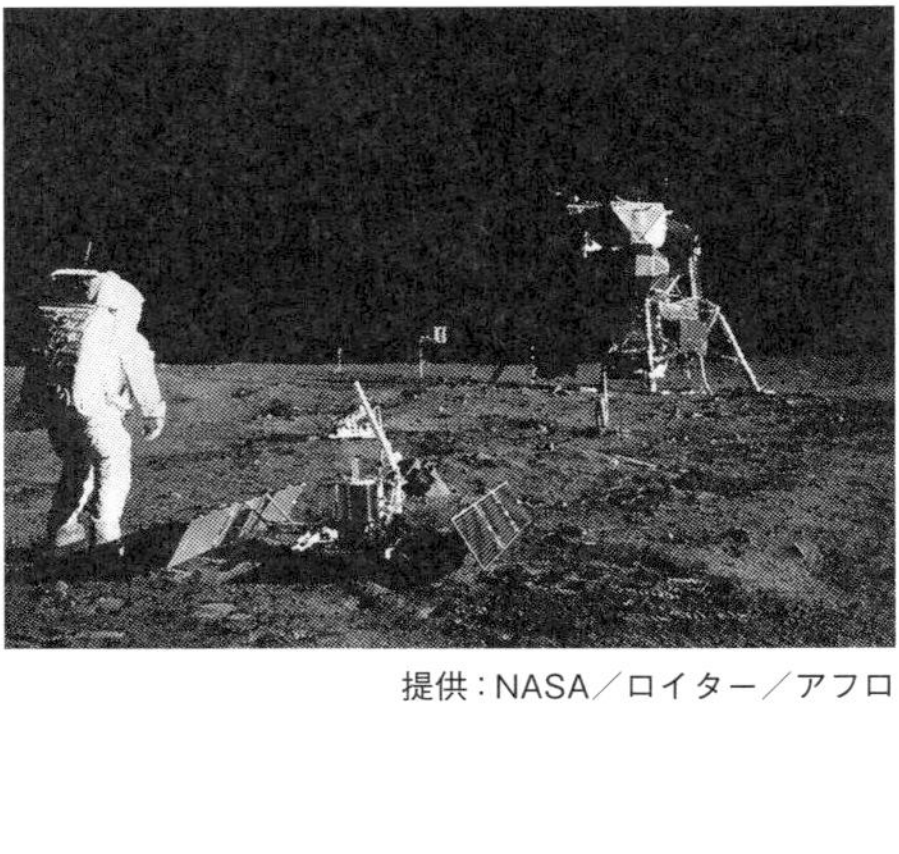

提供：NASA／ロイター／アフロ

月面着陸が、カラーテレビの普及を後押し!?

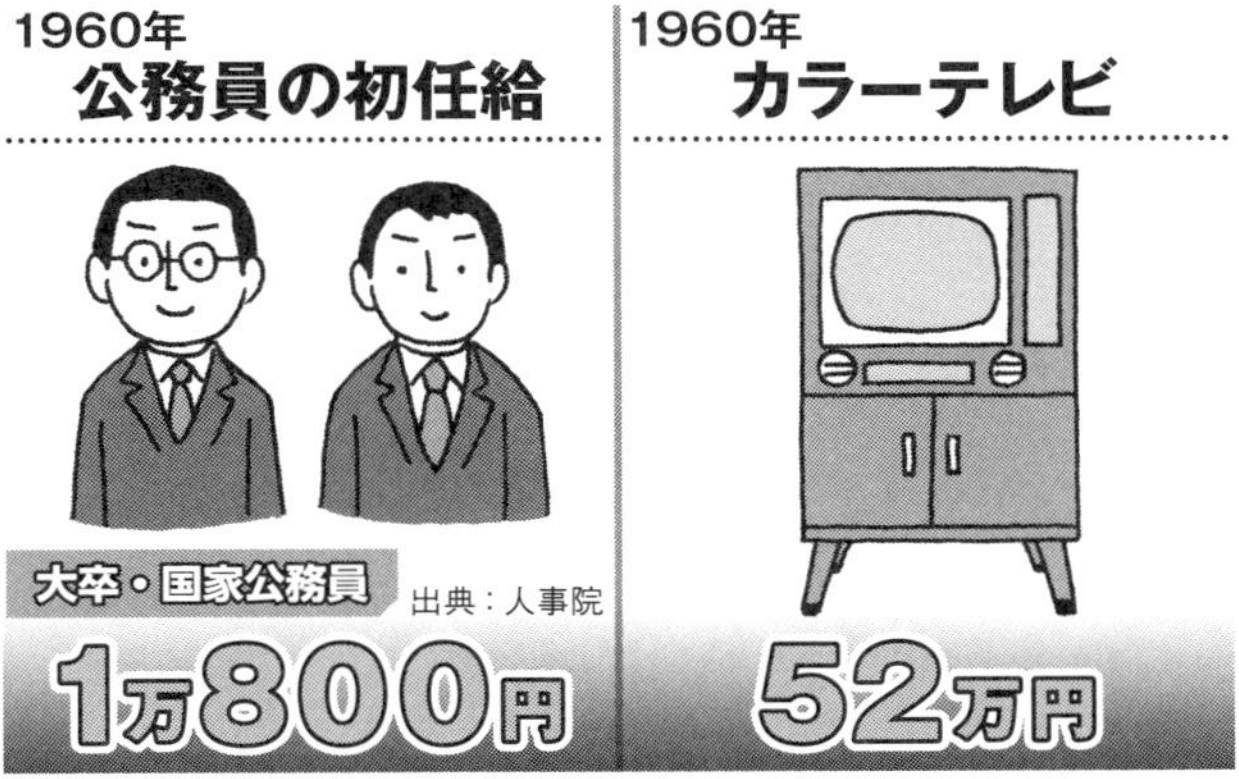

的イベントですから、どうせならカラーで見たいですよね。

　カラーテレビ自体は１９６０年に初めて発売されています。ところが、最初は一般庶民にはとても手が出ないような高い値段が付いていました。日本で公務員の初任給が１万８００円の時代に、カラーテレビは52万円もしたのです。年収の約４年分です。普通の人はまず買えません。

　それでも少しずつ買う人が増えると値段が徐々に下がってきます。すると、より多くの人が買うようになってさらに値段が下がり、この月面着陸成功をきっかけに一気に社会全体に普及しました。

月面着陸の様子は全世界に生中継され、世界の多くの場所で大勢の人が固唾《かたず》を呑んで見守りました。この衛星中継の仕組みを作ろうと提案したのもケネディ大統領です。

今は衛星中継と言いますが、昔は宇宙中継と言っていました。この宇宙中継で、たとえばアメリカの映像がそのまま日本でも見られるというのは衝撃的です。それまでアメリカのニュース映像などは、フィルムにして飛行機で日本まで運んでいたからです。当然、日本で放送するまで何日もかかります。

宇宙中継ならそんな手間は必要なく、映像がリアルタイムで届くことから人々に衝撃を与えました。

日本とアメリカの間で初めて衛星中継の実験が行われたのが1963年11月です。この時、歴史的な電波に乗って送られてきた映像は、とんでもないニュースを伝えました。

「このような悲しいニュースをお送りしなければならないのを誠に残念に思います」

衛星中継の実用化を発案したのはケネディ大統領でした。その実験放送の映像の第

ケネディ大統領が衛星中継の仕組みを提案した

衛星中継の仕組み
衛星を中継して
映像・音声を瞬時に伝える
衛星中継の仕組みができる前は……
フィルムを輸送　時間がかかった

日本を大混乱させた大統領

一報がケネディ大統領暗殺のニュースだったのです。

結局、ケネディ大統領は、衛星放送の実現もアポロ11号の月面着陸も見ることができませんでした。

◉日本や世界が大混乱！ ○○○○ショック

1970年代初めに、日本や世界を大混乱に陥れた○○○○ショックで有名なアメリカの大統領は？

○に入るのはカタカナ4文字です。答えはニクソン。第37代ニクソン大統領（在任1969～74年）です。

アメリカのファストフードが続々上陸！

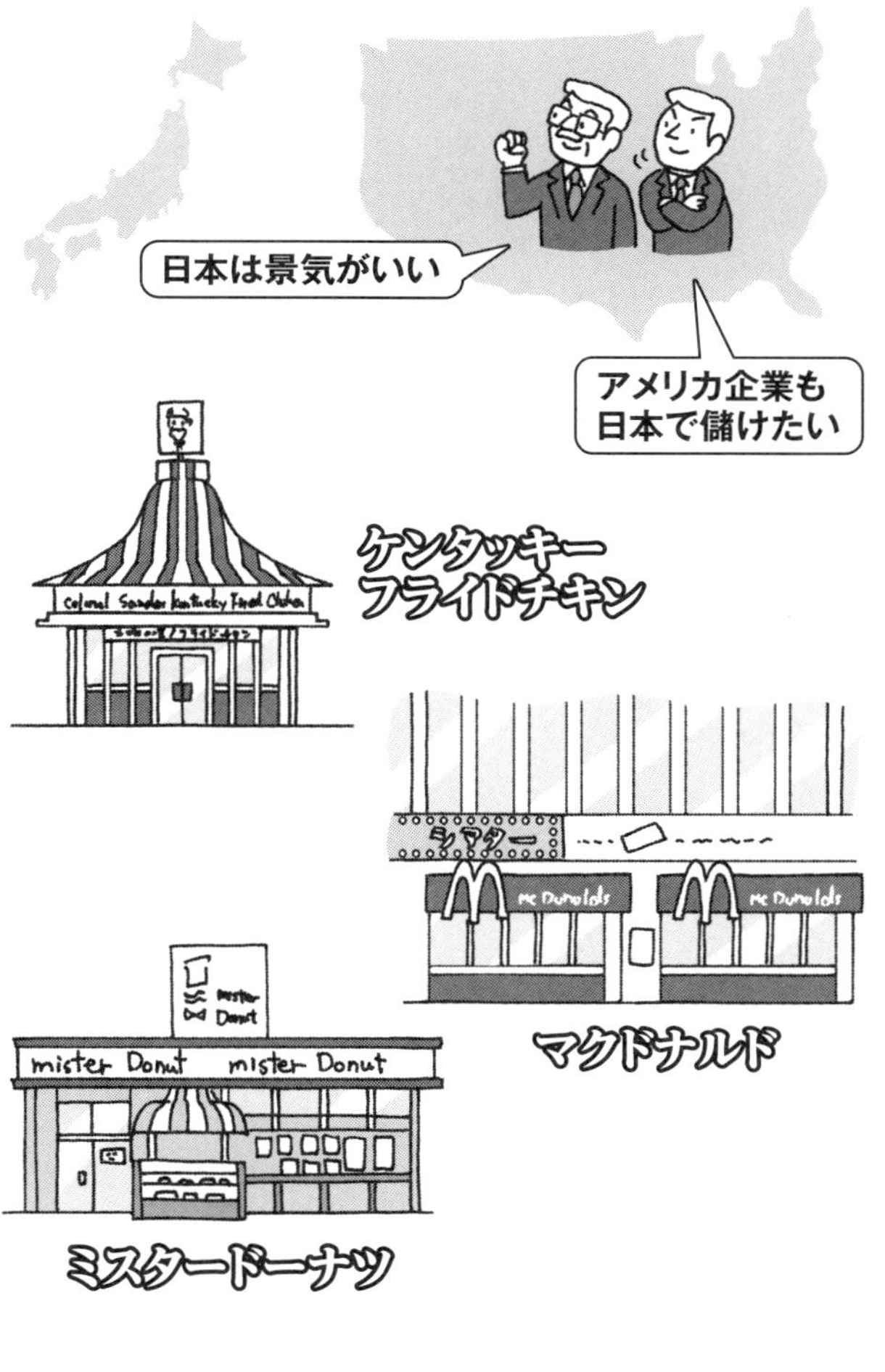

この大統領の時、アメリカから日本に入ってきた飲食店があります。いかにもアメリカっぽい食べ物、ファストフードの店ですね。

1960年代の日本は高度経済成長期に入り、人口も多く、アメリカの企業にとってはとても魅力的な市場でした。経済が右肩上がりで成長しているのを見て「ビジネスチャンスだ。アメリカ企業は積極的に進出すべき」と考え、ファストフードの有名ブランドが60年代後半から70年代にかけて、続々と日本に上陸してきました。

ケンタッキーフライドチキン、マクドナルド、ミスタードーナツなどです。

有名なコンビニのセブン-イレブンが日本に入ってきたのも70年代初めです。

もともとアメリカの会社だったのですが、日本のイトーヨーカドーがこれに目をつけました。「アメリカにはコンビニエンスストアというものがあるらしい。これを日本にも導入しようじゃないか」ということでアメリカのセブン-イレブンと交渉し、日本でも同じ名前で営業する権利を獲得。多額のお金を支払うのと引き換えにです。

今の若い人は、もしかするとセブン-イレブンの名前の由来を知らないかもしれません。なぜセブン-イレブンかというと、当初は朝の7時から夜の11時まで営業して

セブン‐イレブンは元々はアメリカの会社だった

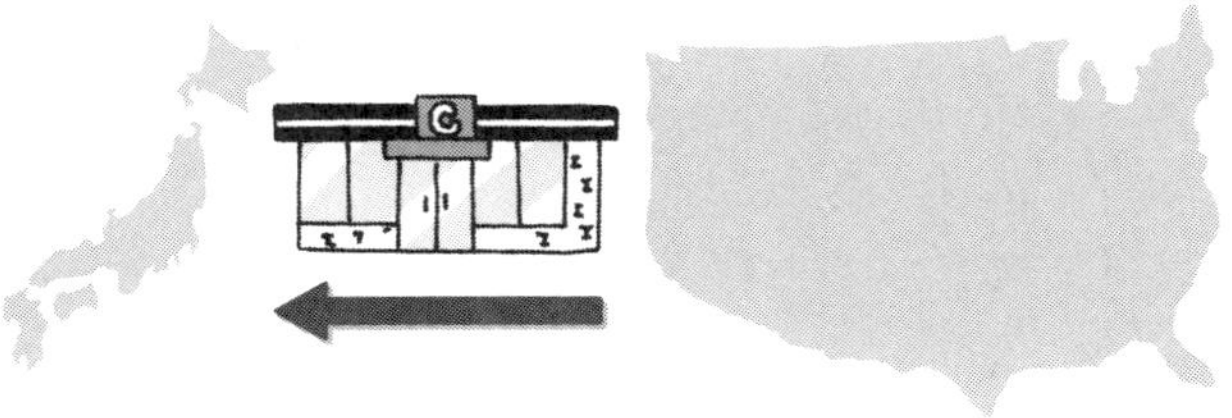

あのコンビニもアメリカから！

1974（昭和49）年5月15日

セブン‐イレブン第1号店「豊洲店」開店

いたからです。日本に入ってきた頃は、そんな朝早くから夜遅くまで開いている店があるのかとみんな驚いていました。それがいつの間にか24時間営業が当たり前になり、社名と実際の営業時間がずれてしまったのです。

日本で急成長したセブン－イレブンはその後、アメリカのセブン－イレブンを買収しました。今ではアメリカのセブン－イレブンは日本の会社です。

●固定相場から変動相場へ

ニクソン大統領が変えたのは日本や世界のお金です。

ここ数十年、1ドル＝200円、120円、140円というように為替相場は常に動いていますが、この頃までは完全に固定されていました。若い人にはピンと来ないかもしれませんね。昔は1ドル＝360円で固定されていたのです。

今は1ドルのチョコレートが欲しければ144円出せば買えます（24年9月25日現在、1ドル＝約144円）。でも、当時は360円出さないと買えませんでした。それだけ日本の円の価値が低く、同じ1ドルの商品を買うのに今の2・5倍も円を払う必

今と昔、１ドルのチョコレートは何円？

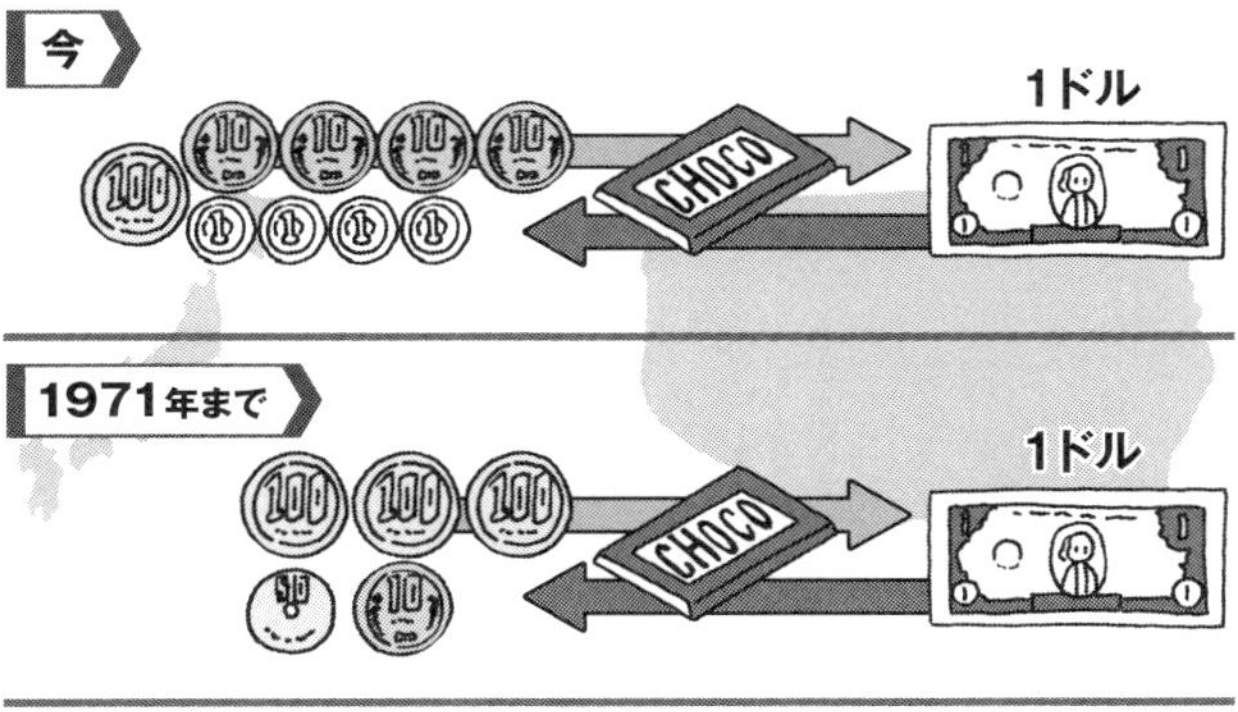

要がありました。

外国と貿易をするときは、アメリカはドル、イギリスはポンド、フランスはフラン、ドイツはマルクのように、それぞれお金は別々でしたから、いくらで交換するか決める必要があります。

第二次世界大戦後は、基軸通貨と言ってアメリカのドルを世界のお金にして、世界中の国が１ドルいくらというふうに値段を決めました。これが固定相場です。日本は１ドル＝３６０円に固定したので、その当時「円高」「円安」という言葉はありませんでした。

世界の国々がドルを使っていたのは、

ドルを世界のお金に決めて、1ドルの値を固定していた

アメリカがドルはいつでも金と交換してあげると約束していたからです。ドル紙幣自体はただの紙切れにすぎません。でも、いつでも金と交換できるのなら金を保有する必要はなく、ドル紙幣を持っていた方がずっと便利です。このため、ドルは世界中で使われました。

結果として、世界にドルが増えすぎて、アメリカが保有する金の量よりも多くなってしまいました。そうなると、今度はドルと金を交換できなくなるのではないかという心配が出てきます。

やがてそうした不安を抱く人たちがドルを金と交換し始めました。それにより

世界にドルが増えすぎて、アメリカが持つ金の量より増えた

ドルを金と換えてもらえない!? ニクソンショック

アメリカ国内の金が急激に減少し、焦ったニクソン大統領は金とドルの交換停止を宣言。「ドルを持っていても金と換えてもらえないんだ」とみんながショックを受けます。これがニクソンショックです。

「ニクソンショック」という言葉は流行語になり、子どもたちも何かショックなことがあると使っていました。親に叱られたとき、そう言っていた子も多かったようです。

ある日突然、金の裏付けがなくなったドルは信用を失い、ドルの価値は低下しました。ただ、ドルに代わって世界で使えるお金は他になかったため、引き続きドルが使われました。その代わり、もう1ドルいくらと固定することはできず、固定相場は維持できなくなって今の変動相場になるわけです。

◉日本の食生活を変えた大統領

元映画俳優の大統領が日本の食生活を変えた。さて、誰だかわかりますか？　第40代のロナルド・レーガン大統領です。

在任期間は1981〜89年。当時、歴代最高齢の69歳で大統領に就任しました。

日本の食を変えた第40代大統領

就任直後の3月末、レーガン大統領を衝撃的な事件が襲います。

次ページの写真を見てください。これは会合のあったワシントンのヒルトンホテルから外に出てきたところです。ここで銃撃を受けるのです。シークレットサービスがとっさに守りましたが、大統領を狙った銃弾は大統領専用車に当たって跳ね返り、大統領の左の胸に命中しました。

レーガン大統領は直ちに病院に運ばれて緊急手術を受けます。命の危険があったのに意外にも大統領は落ち着いていました。手術が始まる前、まだ意識があっ

1981年 レーガン大統領暗殺未遂事件

写真：Ron Edmonds／AP／アフロ

たものですから、担当の医師たちに向かって「諸君がみんな共和党員だといいんだけど」とジョークを飛ばしたのです。レーガン大統領は共和党でした。

こんな緊急時にジョークを飛ばすのかとみんなビックリしたそうです。この時、そう言われたお医者さんが何と言ったと思いますか？

「大統領、今日は全員が共和党員です」

答えたお医者さんもなかなかのものですね。中には民主党員もいたかもしれないけれど、今日はみんなで大統領の治療のために全力を尽くします。そんな意味を込めたのでしょう。

入院時のレーガン氏は70歳になっていましたが、驚異の回復力で3週間後には公務に復帰しています。

そんなレーガン大統領が就任した当時、アメリカは長い不況の中にありました。この不況を打破するために大統領が打ち出した政策のことをレーガノミクスといいます。

実は今日、日本人が気軽に牛肉を食べられるようになったのは、この政策が失敗したからです。

どういうことかというと、レーガン大統領は大幅な減税をすれば税収が増えると主張したのです。これには多くの人たちが「そんなことはあり得ないだろう、減税したのに税収が増えるなんて」と呆れて、みんなで馬鹿にしてレーガンの経済学、すなわちレーガノミクスと命名しました。

従来の経済学とは違うレーガン特有の、特殊な経済学だという意味です。

実際に税金を減らしたことで国の収入は減って財政は赤字になります。その穴埋めのために国債を発行して借金をした結果、今度はドル高になってしまいました。ドル高になると、アメリカ製のモノを外国に輸出しようとしても、海外から見た値段が高くなってなかなか売れません。

たとえば1ドル＝100円のとき、1ドルのアメリカ商品の日本向けの値段は100円です。これがドル高（円安）で1ドル＝150円になったら、日本向けの値段は150円に跳ね上がります。日本の消費者としては買いにくくなりますよね。つまりアメリカの輸出は減ります。

逆に、安くなった外国の商品が大量にアメリカに流入して輸入が増えました。結果

外国の商品を買わずに、日本の農家を守っていた

牛肉・オレンジの輸入自由化

として貿易赤字になったのです。

特に日米間でアメリカの貿易赤字が膨《ふく》らみ、これが非常に大きな問題になりました。何としても日米貿易赤字を解消したいアメリカは、日本にいろいろな無理難題を突きつけてきます。そのうちの一つが「牛肉とオレンジの輸入自由化」です。

当時、牛肉はとても高価で、果汁１００パーセントのオレンジジュースも手軽に飲めませんでした。値段が高かったのは、日本が外国の商品の輸入を制限して国内の農家を守っていたからです。

これに対してアメリカは、「我々は日

輸入の自由化により、日本産のブランド力が高まった

本の商品を大量に買っており、自動車だってたくさん買っている。それなのになぜアメリカの商品を買わないんだ。特に牛肉とオレンジについては制限なしで輸入しろ」と要求してきました。

結局、アメリカには逆らえず、牛肉とオレンジの輸入が決まります。国内の農家はもちろん反対しましたが、決まったものは仕方がないと発想を転換して、安い輸入品に負けないものを作り始めました。こうして、農家の頑張りで美味しい国産の農産品が食卓に並ぶようになったのです。

たとえば和牛。日本の和牛は世界に冠

たるブランドとなり、高くても食べたいという人が急増しました。

ミカンも品種改良によりデコポンのような新しいブランドが生まれ、ネーブル、伊予柑、清見オレンジなど様々な種類のミカンが競い合う状況が生まれています。

これはアメリカ産との競争に負けまいとして日本の農家が頑張った結果と言っていいでしょう。

日本でクジラが気軽に食べられなくなったのもレーガン大統領の頃です。商業捕鯨から撤退を余儀なくされました。

昔はたくさんクジラを捕っていたのに、この頃からアメリカを中心に世界中で反対の動きが強くなったのです。食べるためにクジラを捕まえてはいけないと国際的に禁止されました。

しかし、日本としては納得のいかない話です。商業捕鯨を続けたいと異議申し立てをしたところ、アメリカから「クジラを捕るならアメリカの近海で漁はさせない（日本漁船を締め出す）」と迫られました。こうなるとお手上げです。やむなく異議申し立てを撤回し、結局、商業捕鯨をやめました。

国際的に食べるための捕鯨を禁止

写真：ZUMA Press／アフロ

商業捕鯨から撤退

2019年、漁ができる水域内で捕鯨を再開

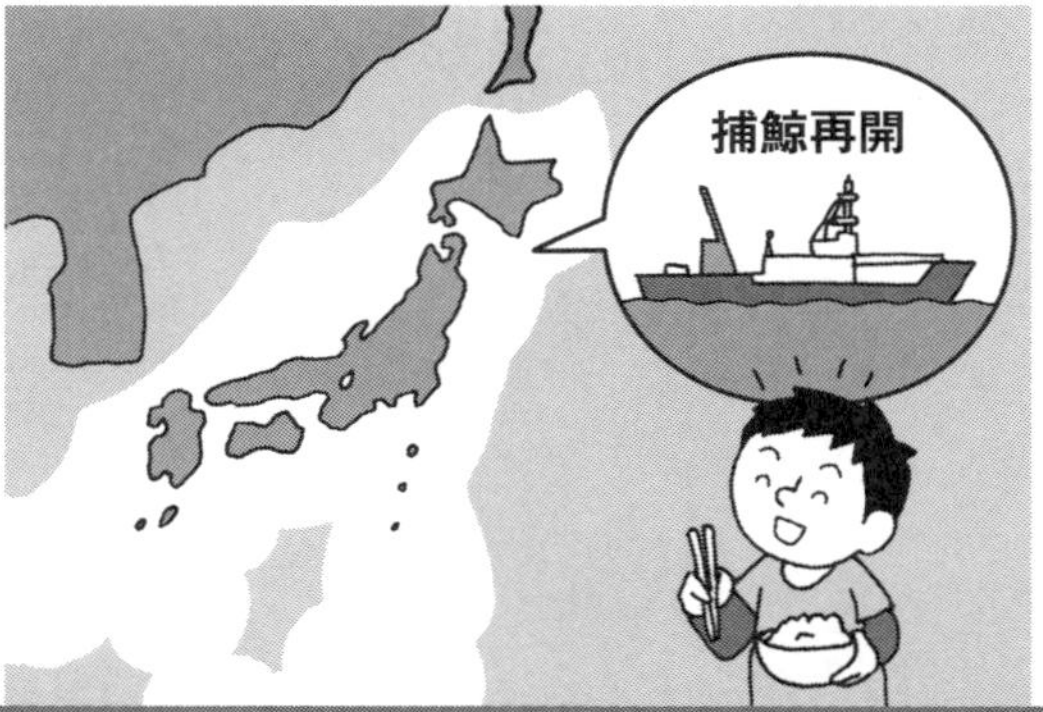

商業捕鯨を再開

ただし、2019年から日本は商業捕鯨を再開しました。あくまで日本の領海および排他的経済水域（沿岸から200海里、約370キロメートルまでの水域。領海は除く）、つまり日本が普通に漁ができる水域内に限ってクジラを捕るようにしています。

こうやって見てくると、日本の食の歴史はアメリカの圧力によって随分変わってきたと言えるのではないでしょうか。

●日本の安全保障を変えた大統領親子

日本が揉《も》めに揉めたあの大統領、親子

日本の安全保障を変えた大統領

で大統領になった二人が日本の安全保障を変えました。それがブッシュ大統領父子です。

第41代ジョージ・H・W・ブッシュ大統領（在任１９８９～93年）と第43代ジョージ・W・ブッシュ大統領（在任２００１～09年）。どちらも所属は共和党でした。

ブッシュ大統領（父）は18歳の時に海軍に入り、パイロットとして従軍。彼の乗っていた雷撃機（魚雷を積んで艦船を攻撃する軍用機）が日本軍によって撃墜され、運良く救出された経験を持っています。そういう人が後にアメリカ大統領

日本の安全保障が変わった湾岸戦争とイラク戦争

写真：Roger-Viollet／アフロ

砂漠の中の油田が燃える
=クウェート 1991年1月

写真：ロイター／アフロ

2003年3月20日
イラク戦争開戦

自衛隊の海外派遣

になり、再び戦争に関わることになったのです。

ブッシュ親子は、それまで日本がやらなかったことをやらせてしまったのですが、それは何だと思いますか？

上の2枚の写真を見てください。左は湾岸戦争、右がイラク戦争。これでわかるように、自衛隊の海外派遣です。

それまで日本では自衛隊を海外へ出すかどうかについて何かと揉めてきました。ブッシュ大統領（父）の時に起こったイラクのクウェート侵略と湾岸戦争の際、イラクを攻撃する多国籍軍のリーダー、アメリカから自衛隊派遣をお願いされると、日本政府はこれを拒否しました。

代わりに、当時の日本円で約1兆8000億円の資金を払ったにもかかわらず、「カネだけ出して汗をかかない」と批判されたのです。

これが一種のトラウマとなって国内ではいろいろな議論が行われ、最終的に自衛隊が国連のPKO（平和維持活動）に参加できるようにするという法律、PKO協力法が1992年6月に成立しました。

そして同じ年の9月、初めてのPKOでカンボジアに自衛隊が派遣されました。

さらに、息子のブッシュ大統領も、アメリカ同時多発テロ（2001年9月11日）やイラク戦争（2003～11年）で自衛隊を送れと強く迫ってきたため、日本政府は新たな法律を作り、海外派遣ができる仕組みを作りました。

結局、ブッシュ父子の要請を受けて、自衛隊の在り方や安全保障に関する法律が大きく変わることになったわけです。

二人の任期を見ると、息子のブッシュ大統領が2期務めたのに対し、父親のブッシュ大統領は1期しか務めていません。普通は病気などで辞めない限り、2期8年やる

自衛隊の在り方もアメリカの圧力によって変化

自衛隊イラク派遣開始（2004年1月19日）

ことが多いのですが、ブッシュ大統領（父）は再選されませんでした。

湾岸戦争に勝利した時は支持率が約90パーセントに達し、本人はこれだけの高い支持率があれば絶対再選できると思っていたようです。

しかしその後、戦争に多額の費用がかかったこともあり、アメリカの経済状態が悪化、財政赤字が膨らんでしまいました。増税はしないと言っていたのに、ブッシュ大統領（父）は増税を行い、国民の反発を買います。「税金を上げるのか。公約違反ではないか」という批判を浴びて、再選を目指した大統領選挙で対抗馬の民主党候補に敗れました。

ここで当選したのが次に述べるビル・クリントン大統領です。

●日本の制度を次々と変えた大統領

今度は日本の制度を次々に変えた大統領を見てみましょう。第42代クリントン大統領（在任１９９３～２００１年）です。

クリントン大統領といえば、女性スキャンダルを思い浮かべる人が多いですが、ブッシュ大統領（父）の時に落ち込んだアメリカ経済を立て直したり、日本でも大ヒットしたＷｉｎｄｏｗｓ95のマイクロソフトをはじめ、ＩＴ産業を大きく成長させたりと、その実績でいまだに高い人気を誇っています。

レーガン大統領の時、貿易赤字を解消するため、アメリカが「牛肉とオレンジの輸入自由化」を日本に迫ったことは前に述べました。ところが、そういうことをやっても貿易赤字はなかなか減りませんでした。

そこでブッシュ大統領（父）になると、日本社会のいろいろな仕組みを研究して、

日本の制度を大きく変えた大統領

第42代大統領
ビル・クリントン

経済構造を変えろと圧力をかけてくるようになります。日本の市場は閉鎖的で、アメリカ企業が進出しようとしても、あるいはアメリカの商品を売り込もうとしても、それができない仕組みになっている。だからアメリカの対日輸出が伸びず、貿易赤字も思うように減らないのだ。これを何とかしなければいけない、という理屈です。

こうした考え方の下に様々な要求を日本に突きつけ、実行に移したのがクリントン大統領です。

この時期、日本のデパートやスーパーはがらりと変わりました。もちろん変わったことで生活が便利になった面もあるのですが、弊害もありました。それが私たちの生活に大きな影響を与えた大規模小売店舗法の廃止です。

それまではデパートや大手スーパーの進出には、強い規制がかかっていました。大型店舗が簡単にできてしまうと、地域や地元に根付いた商店街がさびれるという反対があったからです。

たとえばデパートの場合、週に１日は必ず休みの日（定休日）を作らなければいけない。スーパーマーケットも同じで、週に１回、必ず休みの日がありました。今はどうですか？　デパートもスーパーも年中無休の店が多いですよね。正月に少し休むところがあるくらいです。昔は、こんなことは考えられませんでした。

営業時間も18時か19時までが一般的で、街の小さな店にもお客さんを誘導して、商店街がさびれないようにしていたのです。

このルールが大規模小売店舗法の廃止によって変わります。進出したアメリカ企業が日本のどこにでも自由に出店できるようにしろというアメリカ側の要求で、大型店舗が作りやすくなり、営業時間や休業日の規制も緩くなりました。

この法律がなくなったことだけが原因とは言えないものの、結果的に、駅前に多い従来の商店街がいわゆるシャッター通りになっていくわけです。

この時期に制度が変わったものとしては、他に金融・保険の自由化、独占禁止法の改正、人材派遣の拡大などがあります。アメリカはこれらを、かなり強引に日本に要求してきました。

アメリカの狙いははっきりしています。アメリカ企業が進出しやすいように日本の経済構造を変えて、儲けたいということです。日本市場にビジネスチャンスがあると見たのですね。それによって対日輸出が増えれば、貿易赤字も減るだろうと彼らは考えました。

日本としては、アメリカに強く要求されると「嫌です」とはなかなか言えません。日本とアメリカは経済的に深く結び付いているので、日本製品が万が一アメリカ市場から締め出されたら大変なことになります。

また、アメリカ軍によって日本の安全が守られているという思いがあって、守ってくれているアメリカの言うことを聞かないとまずい、あるいはアメリカを怒らせたら

クリントン大統領は、日本の制度を大きく変えた

日本はアメリカ軍に守られているという意識。
アメリカに抵抗できない関係性が続いていた

アメリカに輸出できなくなるかもしれないという不安から、アメリカの言うことを聞くということが続いてきました。

●現職大統領として初めての広島訪問

ブッシュ大統領（子）の後、黒人で初めて当選したのが第44代オバマ大統領（在任2009～17年）です。

就任当時は日本でも大フィーバーが起き、福井県小浜市ではオバマグッズを次々に販売、おばまガールズまで登場しました。

和食が大好きで、来日した時は抹茶アイスを食べるために時間を作ったほど。このニュースが話題になり、海外での抹茶ブームを後押ししたともいわれています。

歴史的といわれたのが、被爆地広島への訪問。2016年5月のことです。原爆を落とした国の現職大統領が広島に来たのはこの時が初めてでした。

日本でも大フィーバー、黒人初の大統領

オバマ大統領広島訪問 現職大統領として初

写真：代表撮影／AP／アフロ

◉米中貿易戦争を始めた大統領は元ビジネスパーソン

そして次に就任したのが第45代のトランプ大統領。元々はビジネスパーソンで、政治家や軍人の経験がない史上初のアメリカ大統領として話題になりました。

数々の過激な発言で物議を醸《かも》したのは記憶に新しいところです。

米朝首脳会談が実現する前は、北朝鮮の金正恩《キムジョンウン》委員長（当時）を指して「彼は小さなロケットマン。病んだ子犬だ」と呼んだり、「ロケットマンは自滅の道を突き進んでいる」と批判したりしました。

不法移民の問題では、「メキシコは麻薬と犯罪者をアメリカに送り込んでいる」と非難し、メキシコとの国境に広大な壁を建設。日本についても、「日本は何百万の車をアメリカに送ってきて我々の仕事やカネを奪っている。我々が日本を守っていると知っているか。彼らはなぜ米軍の駐留経費を100パーセント払わないんだ」と強く非難しました。

過激な発言ばかりが目立ちましたが、トランプ大統領の4年間で、実際のところ私

史上初、政治家や軍人の経験がない大統領

互いに高い関税をかけあう「米中貿易戦争」

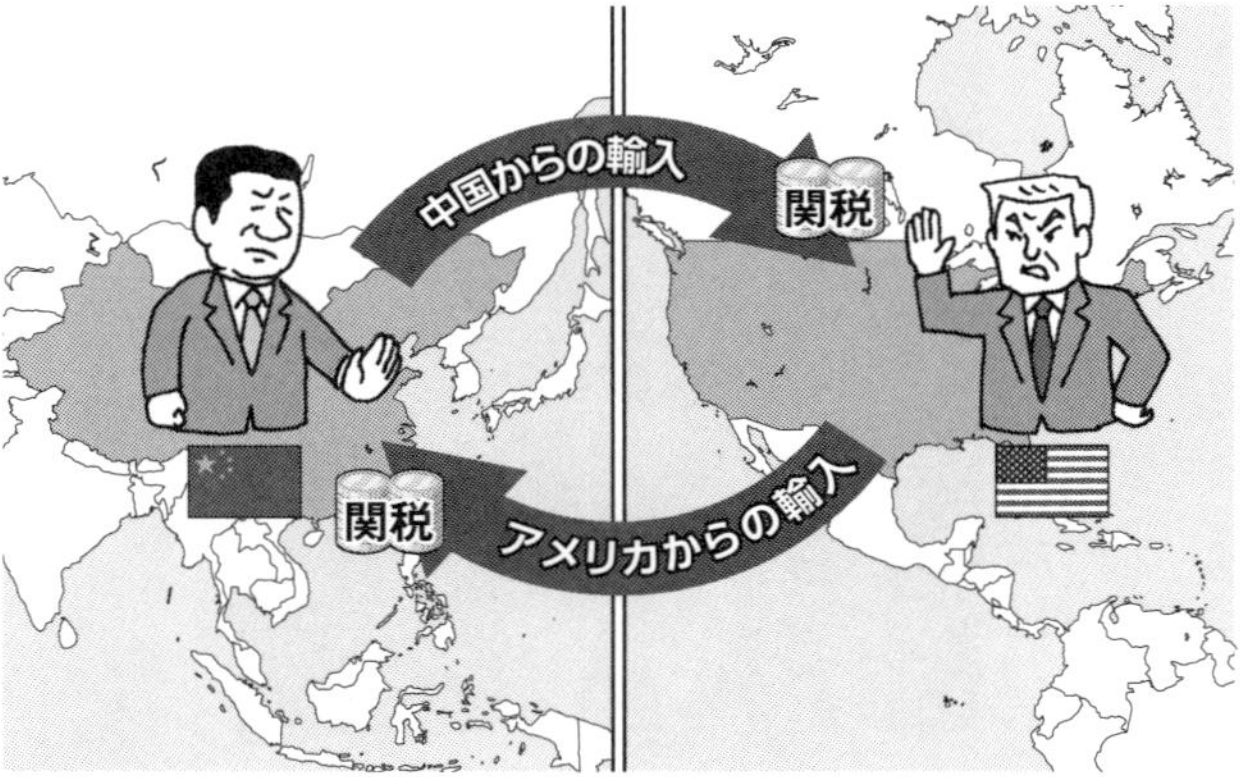

たちにはどんな影響があったのでしょうか。

トランプ大統領のやったことで日本人の生活にも関係したことの一つは景気です。アメリカとあの国の対立が日本にも影響を及ぼしました。

あの国とは、当時、戦争状態にあるともいわれた中国です。

ここで言っているのは米中貿易戦争のことで、別に殺し合いの戦争があったわけではありません。貿易をめぐってアメリカと中国がお互いに高い関税をかけ合ったのです。

トランプ大統領が、安い中国製品が入

2019年上半期（1～6月）輸出額の増減

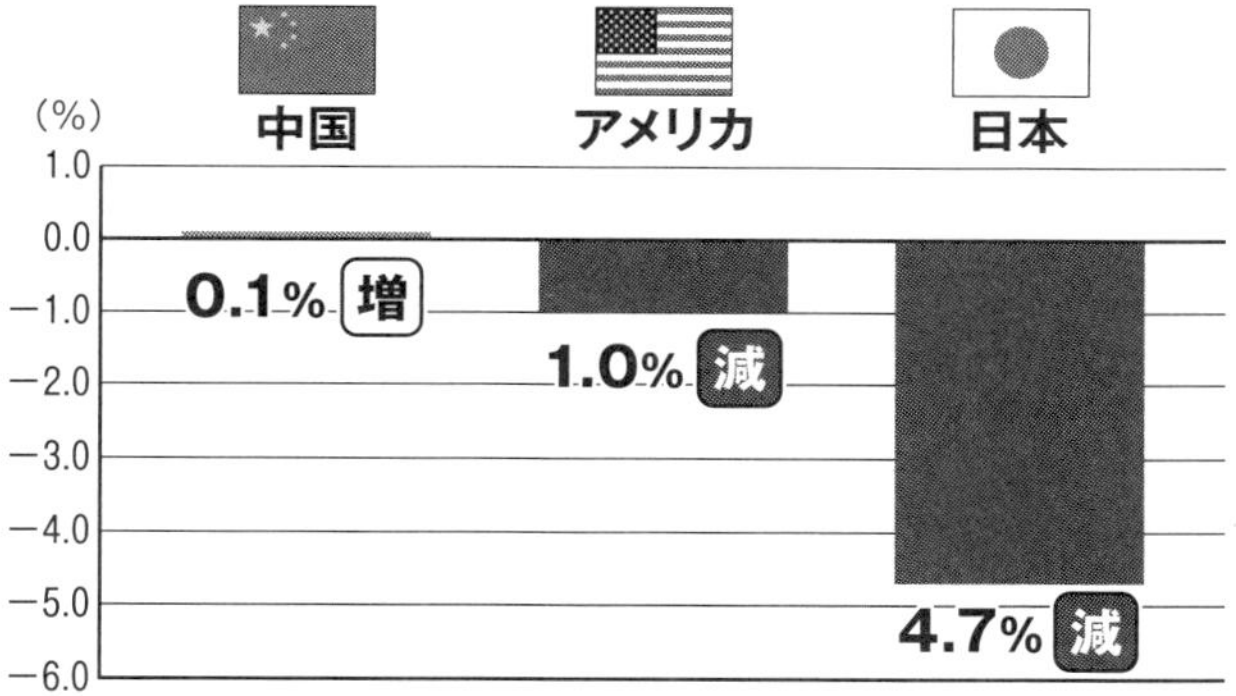

※前年同期比

出典：JETRO、財務省

ってくるせいでアメリカ製品が売れないじゃないかと不満を示し、中国製品に高い関税をかけたところ、中国も対抗して同じことをやり、互いに関税をかけ合いました。

米中貿易戦争は文字どおり、アメリカと中国の争いです。しかし、日本が無関係というわけにはいきません。もろに影響を受け、大きな迷惑を被りました。２０１９年上半期輸出額の増減を表した、上のグラフを見てください。

中国の輸出額はわずかながら増えています。アメリカが多くの中国製品に高い関税をかけたのに、中国は他の国にもたくさん輸出しているのでトータルでは減っていません。

日本はどうでしょうか。見ての通り4・7パーセントも減りました。日本はいろいろな部品を中国に輸出し、中国の比較的安い人件費で組み立てて、完成品にしてからアメリカに輸出しています。アメリカが中国から入ってくるものに高い関税をかければ、当然、アメリカ向けの中国製品は売れなくなります。結果として、日本から中国への部品の輸出も減るわけです。

日本の貿易は、中国とアメリカなしには成り立ちません。ですから米中の争いに無関係ではいられないのです。

その一方で、私たちの財布にうれしいこともありました。トランプ大統領になったことで値段が安くなったものがあります。

日米間でお互いに関税を下げる協議を続けてきて一定の合意がまとまり、２０１９年10月に日米貿易協定が結ばれました（翌年1月発効）。

たとえば牛丼に使える牛肉。用途は他にも様々ですが、アメリカ産牛肉が20年１月から安くなりました。最初は1割から2割の値下げで、段階的にもっと安くなります。

日米貿易協定

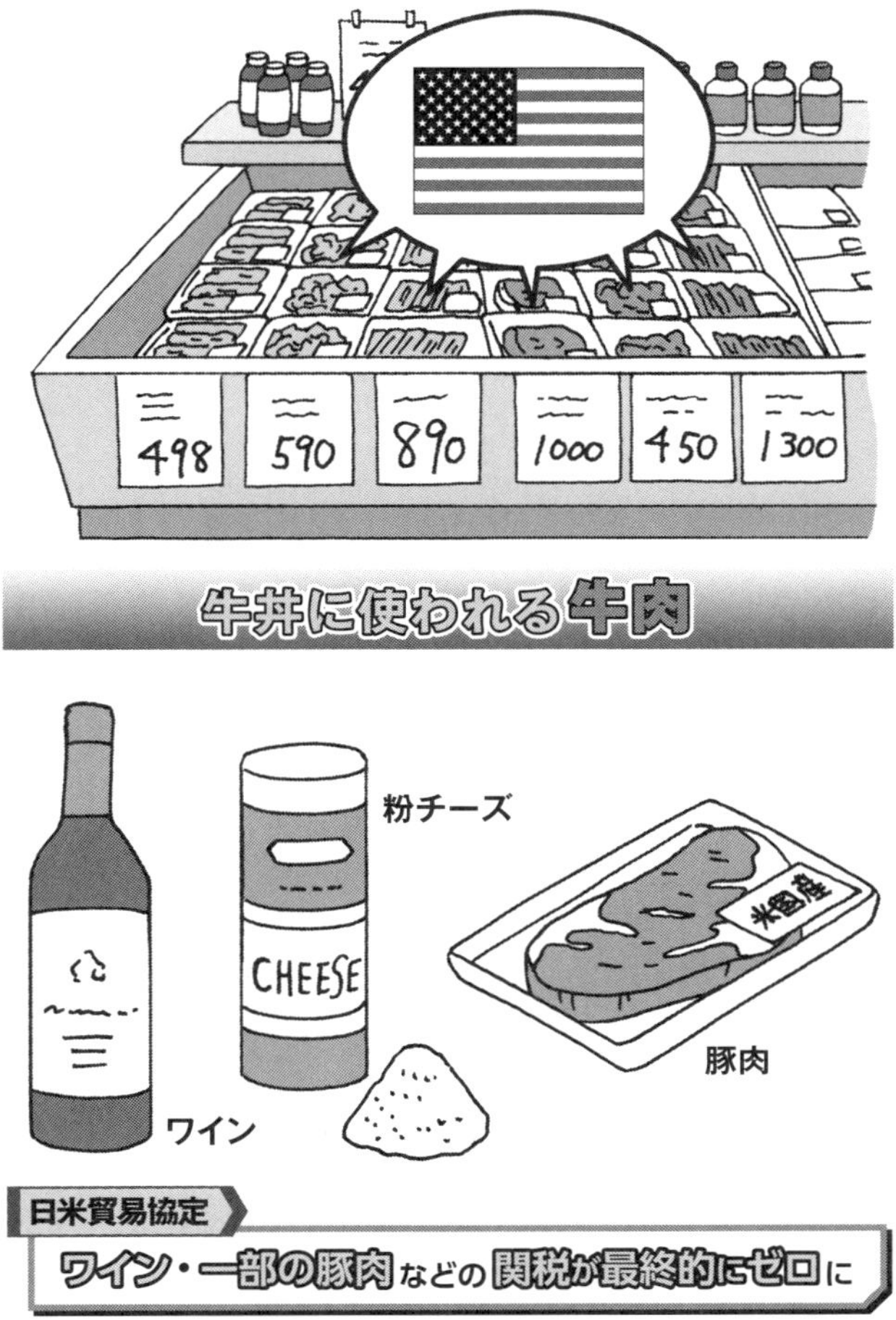
498
590
890
1000
450
1300
牛丼に使われる牛肉
粉チーズ
CHEESE
米国産
豚肉
ワイン
日米貿易協定
ワイン・一部の豚肉などの関税が最終的にゼロに

アメリカ産の牛肉や豚肉、ワインなどの関税引き下げが決まり、これからどんどん値下がりしていくでしょう。

問題は、トランプ大統領がこの協定締結を自分の功績にしていることです。「どうだ、俺がうまく交渉したから日本にたくさん輸出できるようになったぞ」という趣旨の発言をしていますが、本来この内容はＴＰＰ（環太平洋経済連携協定）で実現するはずでした。

元々アメリカは、オバマ大統領の時代に日本にＴＰＰへの参加を働きかけていました。日本は２０１３年にＴＰＰへの交渉参加を決めます。その後、厳しい交渉を経て16年にアメリカ、日本を含む太平洋を取り巻く12の国々が合意に達し、あとは国内手続きに従って批准すればＴＰＰは発効するはずでした。

ところが、トランプ氏が17年1月に大統領に就任した途端、ちゃぶ台返しをしたのです。大統領令を発してアメリカがＴＰＰから離脱してしまいました。

ＴＰＰは加盟12カ国の間で関税をなくしていこうと約束したものです。アメリカの離脱後は、仕方なく残りの11カ国で改めて交渉して合意をまとめ、18年12月に新協定

TPPからの離脱で、米輸入品は遅れて安くなった

のＴＰＰ11が発効しました。

これにより他の国々との間では関税が安くなっていったのに、アメリカとだけ高いままになっていました。日米貿易協定ができたことで、ようやく安くなったわけです。トランプ大統領がＴＰＰからの離脱を決めなければ、もっと早く安くなっていたでしょう。

日本人が気になる北朝鮮の核・ミサイル開発問題では、トランプ大統領は18年6月、金正恩委員長と初めて首脳会談を行っています。これはアメリカと北朝鮮のトップが直接話し合った歴史上初めての会談ということで、世界的な注目を集めました。この会談に大きな期待を寄せた金委員長は、核実験とＩＣＢＭ（大陸間弾道ミサイル）発射実験の凍結を発表し、実際、北朝鮮はこの年、核実験もＩＣＢＭの発射実験も行いませんでした。

さらに、トランプ大統領自身、日本人拉致被害者と向き合い、金正恩委員長に拉致問題を提起するなど解決に向けた取り組みもありました。ただ、具体的な成果には至っていません。

◉史上最高齢で就任したバイデン大統領

良くも悪くも日本に影響を与え続けてきたアメリカ大統領、トランプ大統領に代わって第46代大統領に就任したのがジョー・バイデン氏です。

第1章でも述べたように、現職のトランプ大統領とバイデン候補が対決した2020年の大統領選挙は異例の経過をたどりました。投票結果はバイデン候補勝利だったにもかかわらず、トランプ候補が負けを認めず、「投票に不正があった」「郵便投票は無効だ」などと主張して次から次へと裁判を起こしたのです。もっとも、判決はことごとくトランプ陣営の主張を退けました。

大統領の就任式は予定通り翌21年1月20日に行われ、無事に第46代大統領が誕生。それはよかったのですが、裁判闘争が長引いたために引き継ぎが遅れてしまいました。通常なら11月下旬にはワシントンで引っ越しの準備が始まるのに、この時はいつになるのか見通しが立たなかったそうです。

ちなみに、日本では政権が代わっても大臣が交代する程度で、内閣や中央省庁で働

かつてはホワイトハウスのパソコンで嫌がらせも!?

く役人は代わりません。ところが、アメリカでは約4000人のスタッフがごっそり入れ替わります。

前政権が率いていた人たちがクビになり、新大統領が連れてくる人たちが新たに仕事を始めるのがワシントンの慣例です。すると、時々後任に嫌がらせをするスタッフがいるといわれています。

民主党のクリントン大統領から共和党のジョージ・W・ブッシュ大統領になったときは、腹いせにホワイトハウスのパソコンの全部のキーボードから「W」が外してあったとか。

バイデン大統領は就任時78歳の史上最

政治家歴50年以上の「外交のプロ」

高齢の大統領です。政治家歴は50年以上。特に外国との交渉がうまいという評判でした。

当初、アメリカにとって「交渉がうまい」ということは、日本にとってはやりにくい相手かもしれないと心配する人もいました。一方、トランプ大統領よりは行動が予測できるからむしろやりやすいと見る人もいました。

４年経って振り返ってみると、国際協調路線を取った大統領なので、日米の結び付きはより強固になり、安定した関係になったと言えるかもしれません。

トランプ大統領の時代、米中貿易戦争

によって日本は振り回されました。しかし、バイデン大統領になっても中国とアメリカの関係は改善されず、いっそう対立が深まりました。

オバマ大統領の時にバイデン氏は副大統領を務め、当時は中国と比較的仲良くやっていたのに、その頃に比べると状況はかなり変わっています。中国は軍事大国化し、海洋進出が活発になりました。今ではアメリカへの対抗意識をむき出しにしています。また中国国内の人権問題も国際的な非難の的となっています。米中貿易戦争も含め米中関係が良くなるきざしは、今のところ見えていません。

バイデン大統領時代の最大の事件は、やはりロシアによるウクライナ侵攻でしょう。2022年2月24日、ロシアの正規軍が隣国ウクライナに一斉に侵攻、一部部隊は首都キーウを急襲してウクライナ大統領府を狙う動きを見せました。

世界の平和と安全に責任を持つ国の一つであるロシアが、自ら国連憲章を破って他国に侵攻したことは国際社会を震撼《しんかん》させました。アメリカを含むNATO（北大西洋条約機構）やEU、日本もその一員であるG7（主要国首脳会議）などが率先してウクライナを支援してきましたが、いまだにロシアはウクライナ東部の占領を続け、ウクライナ各地を無差別に攻撃しています。

ロシアが国際社会のルールを平然と踏みにじったことで国連は機能不全に陥りました。

特に国連安全保障理事会は、いわゆる五大国（アメリカ、イギリス、フランス、ロシア、中国）が拒否権を持ち、一国でも拒否権を発動すれば何も決めることができません。ロシアに何らかの制裁を加えようとしても、当事国のロシアが拒否権を行使するため、国連安保理は有効な手を打てないのです。

そんな中で岸田文雄首相（在任２０２１年10月～24年10月）は、たびたび「今日のウクライナは明日の東アジアかもしれない」と述べて、侵攻や紛争が東アジアに波及しかねないと危機感を露わにしてきました。それは世界最強のアメリカでさえ、ロシアの侵攻をやめさせることができないという現実があるからです。

日本の近くには、アメリカを追い越そうと着々と軍事力を強化している中国、北方領土の支配を固めているロシア、核・ミサイル開発に力を入れる北朝鮮という危険な国々が存在しています。

日本として自国の安全をどうやって守るのか、また東アジアで平和を保つにはどうすればいいのか、そういったことを真剣に考えざるを得ない時代になったのです。

第4章

アメリカの大統領選が激化する背景

――大統領候補テレビ討論会とアメリカのテレビ事情

◉世界が注目！ アメリカ大統領候補テレビ討論会

2024年のアメリカ大統領選挙は、副大統領カマラ・ハリス候補（民主党）と前大統領ドナルド・トランプ候補（共和党）の間で争われ、最後の最後まで勝敗の行方が分からない大接戦となりました。

しかし、前にも述べたように、24年6月の時点では民主党の候補はバイデン大統領でした。そのままいけば8月の党大会でバイデン氏が正式な大統領候補に指名されたはずです。そうならなかったのは、6月27日（日本時間28日）に行われた第1回テレビ討論会でバイデン氏が著しく精彩を欠いたことが原因です。

民主党候補にハリス氏が急浮上するきっかけとなった第1回テレビ討論会。この討論会がどのようなものだったのか見ていきましょう。併せて、日本とは異なるアメリカのテレビ事情についても解説します。

4年に一度の大統領選挙で実施されるテレビ討論会は1960年に始まりました。その前はラジオ討論会があったのですが、この年からテレビとラジオが同時で行うよ

アメリカ大統領候補テレビ討論会

写真：AFP／アフロ

- 1960年スタート
  1976年から恒例化
- テレビで生中継
  数千万人が視聴

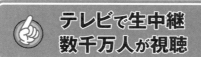

うになり、1976年から恒例化しています。最近はインターネットでも生中継されるようになり、全米で数千万人が見るようになりました。

超大国アメリカの大統領は世界に大きな影響を与える存在です。その候補が直接顔を合わせて論戦を交わす機会は、このテレビ討論会だけ。しかも、大統領選挙の勝敗を分けるといわれています。討論の出来不出来が選挙結果を大きく左右するだけに、アメリカ国内のみならず世界から注目されたのです。

◉アメリカ人の注目度とチェックポイントは?

実際のところ、アメリカの人たちはどれくらい注目しているのか街で聞いてみました。

女性A　討論会は毎回見てます。

男性a　アメリカ人はみんな興味がありますね。

男性b　両親や兄弟、家族みんなで見ます。それで次の日、職場で二人について議論するんだ。

女性B　家に友だちを呼んで鑑賞会をします。

男性c　スポーツイベントのようなものかもしれませんね。見るとちょっとワクワクするよ。

男性d　前回は友だちとバーで見たよ。

バーで皆で観戦する人も結構いるそうです。では、討論会ではどんなところをチェックするのでしょうか。

男性e　二人が優れた討論をするか、それともただ適当な事実を垂れ流すだけなのか？　そういうところを見極めます。

男性f　プレッシャーがかかる中でもちゃんと受け答えができるか、そして大統領にふさわしいかを見ます。

女性C　ニュースでは切り取られたり、編集されたりすることもありますよね。会話全体を理解したいので生放送で全部見るんです。

一方でこんな声も聞かれました。

女性D　正直に言うと、討論会を見ると悲しくなります。二つの悪のうちマシな方を選ぶような状況ですから。

女性E　二つの選択肢がイマイチすぎますよね。

女性F　私たちはどちらも好きじゃないです。

冷めた意見もあるものの、アメリカ国民の多くが関心を持っているという印象を受けました。その背景には、学校で政治に関心を持たせる教育が行われていることがあります。

日本では、政治について具体的なことはあまり教えなかったり、中立でなければいけないということで取り上げ方が難しかったりしますが、アメリカの学校はもっと自

アメリカ人のテレビ討論会への関心は高い

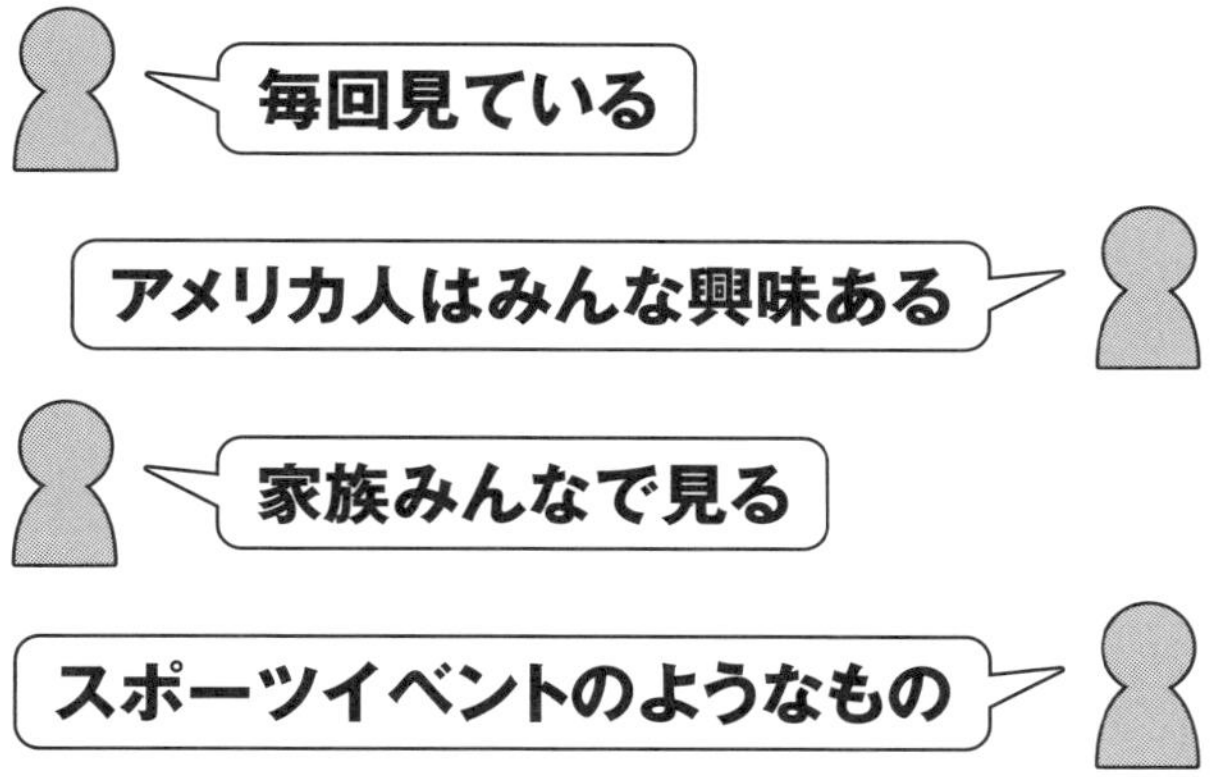
毎回見ている
アメリカ人はみんな興味ある
家族みんなで見る
スポーツイベントのようなもの

由で現実的です。たとえば、大統領候補の実名を挙げてどちらがいいか議論させたり、大統領選挙の最中に一方の候補者だけを学校に呼んで演説してもらったりということを、ごく普通にやっています。

日本よりも政治や選挙に関心を持つ人が多いのはこのためです。

◉バイデンVSトランプ　非難の応酬!?

討論会を見ると悲しくなるという街の人の声があったように、熱狂的な支持者を別にすれば、バイデン氏とトランプ氏のどちらも不人気です。24年5月に好感度調査の結果が発表され、どちらも嫌いという人（ダブルヘイターズ）が25パーセントに上りました（出典：ピュー・リサーチ・センター）。これは過去10回の大統領選挙の前の同時期の調査の中で最も高い数値です。

好感度が低い理由の一つは年齢です。第1回討論会当時、バイデン大統領は81歳。再選された場合、2期目の就任時の年齢が82歳で、その4年後は86歳にもなります。トランプ氏にしても、当時78歳ですから4年後は82歳です。80歳近い、あるいは80歳を超えた高齢者に、果たして激務の大統領職が務まるのかと不安を抱く人がかなりいるのです。

もう一つは、トランプ氏への不信感です。トランプ氏は過激な発言が多く、様々なスキャンダルを抱えて有罪評決も出ており、そもそも大統領としてふさわしくないと嫌っている人たちが結構います。

結果的に、「どちらも嫌い」と答える人が増えました。

では、第1回討論会の注目ポイントを見ていきましょう。特に目立ったのが非難の応酬です。実際のやり取りはこんな感じでした。

トランプ氏とバイデン氏、好感度調査

出典：ピュー・リサーチ・センター（2024年５月）

トランプ前大統領　彼は大統領職を正当化しようとしている。彼は間違いなくこの国の史上最悪の大統領だ。

バイデン大統領　歴史家たちはトランプ氏が史上最低の大統領だと言っている。彼が話していることは全てがウソだ。

バイデン大統領　この場で有罪評決を受けた重罪犯はこの男だけだ。発言内容もデタラメだ。

トランプ前大統領　重罪犯と言われたが、彼の息子こそタチの悪い重罪犯で、さらに数えきれないほどの罪に問われるだろう。

バイデン大統領　妻の妊娠中に女性と関係を持ったくせに。どの口が言うかね？　君のモラルは野良猫並みだ。

●言葉に詰まり、言い間違いもあったバイデン氏

討論中のバイデン大統領のこんな様子も話題になりました。

バイデン大統領　コロナ……失礼……メディケア（国の医療保険制度）に打ち勝ったら……。

声がかすれ、言葉に詰まる場面も。即座にトランプ前大統領から厳しいツッコミが入ります。

バイデン大統領　国境警備隊などを増やして何ができるかに関して、イニシアチブ全体が全面的に禁止されるまで私は動き続けるつもりです。

トランプ前大統領　彼が何を言ったのかわからないし、彼も自分が何を言ったかわかっていない。

さらに、大切な場面で言い間違いも。

バイデン大統領　私が大統領に就任した時、経済は壊滅状態で雇用もなかった。それを立て直すところから始め、1万5000人の新しい雇用を創出した。

バイデン政権下で生み出された雇用は1500万人のはずなのに、これは致命的な言い間違いです。

もともと不安視されていた健康については、こんなやり取りがありました。

バイデン大統領　トランプ氏は3歳若いが能力はかなり劣る。

トランプ前大統領　認知テストを二つ受け、健康診断も毎年だ。私はとても健康だ。

ゴルフの大会で二度も優勝した。彼は50ヤードも飛ばせないだろう。
バイデン大統領　私は副大統領時代にはハンデ6だった。
トランプ前大統領　ハンデ6なんて大ウソだね。
バイデン大統領　あぁ、ハンデ8だった。
トランプ前大統領　あなたのスイングを見たことがある。
司会者　トランプさん……
トランプ前大統領　子どもじみたマネはやめよう。
バイデン大統領　子どもはあなただ。

討論会後、バイデン陣営関係者が「大統領は風邪を引いていた」と述べたと、複数の米メディアは伝えています。

●ウクライナ問題をめぐって激論

2020年選挙の討論会では双方の罵《のの》り合いがひどかったため、今回の第1回討論会ではある工夫がされていました。

それは、相手が話している時のマイクオフです。前回はバイデン氏が喋《しゃべ》っている最中にトランプ氏が割って入ることが多かったため、相手が話している間はマイクをオフにしたのです。

また、発言時間を３分に制限し、３分経ったらマイクをオフにして、それ以上喋り続けられないようにするというルールも設けられました。

これによって前回よりはマシになった、これでも議論になった方だという見方も出ています。

具体的な政策課題については、どんな議論があったのでしょうか。まずはウクライナ問題から。

トランプ氏はこう発言しました。

「私なら次期大統領に就任する前にこの戦争に決着をつけさせる」

それに対してバイデン氏は、

「(トランプ氏が）プーチン大統領を励まし、好きなようにやれと言い、プーチン大統領は（戦争に）突入した」

と言い返しています。

実は、トランプ氏は大統領の時、ヨーロッパで開かれたＮＡＴＯ（北大西洋条約機構）首脳会議に出席して、軍事費の負担が少ないＮＡＴＯ加盟国に「もっと軍事費を増やせ。さもないとロシアに好きなようにやれと言うぞ」と言ったのです。バイデン氏の発言は、そのことを踏まえたもの。

バイデン氏はウクライナへの軍事支援をずっと続けてきました。一方のトランプ氏は非常に消極的です。なぜアメリカ国民が多額のお金を使ってウクライナを支援するんだ、ヨーロッパの戦争だからヨーロッパに任せればいいじゃないか。そういう言い方をしています。

ですから、もしトランプ氏が大統領になってウクライナ支援を全部やめてしまえば、ウクライナはロシアに負けるだろうというのが一般的な見方です。

もう一つ問題になったのは、次期大統領に就任する前に戦争に決着をつけさせるというトランプ氏の発言です。

ウクライナ問題に正反対の姿勢

私なら次期大統領に就任する前に
この戦争に決着をつけさせる。
（トランプ氏が）プーチン大統領を励まし
好きなようにやれと言い
プーチン大統領は突入した。

決着をつけさせるということは、ロシアやウクライナと交渉するということです。しかし、アメリカの法律では、外交の交渉権を持っていない民間人が外交交渉をすると、これは法律違反になります。

大統領になる前にやるというのは、法律違反をしますよと言っているようなもの。本人がどこまで自覚していたのかわかりませんが、かなり際どい発言だったのです。

また、ロシアがウクライナに攻め込んでからも、トランプ氏はプーチン大統領には驚くほど寛容です。アメリカではもっぱら、なぜこんなにプーチン大統領に遠慮するのか、何か弱みでも握られているのではないかと言われてきました。

●不法移民は犯罪者やテロリストなのか？

トランプ氏の口から過激な発言が飛び出したのが不法移民の問題です。

「バイデン氏は犯罪者やテロリストに国境を開放した。今我が国には最も多くのテロリストが入ってくる。（中略）世界中の全てのテロリストだ」

バイデン政権がメキシコとの国境を開放して、メキシコから大勢の犯罪者やテロリストが入ってくるようにしたと非難する発言ですが、相当大げさですよね。世界中のテロリストが全員アメリカに入ってきたら、それこそ毎日のように全米各地でテロが起きていてもおかしくない。でも、そんな事実はなく、明らかに誇張です。

トランプ氏としては、自分の時はメキシコからの不法移民をずっと止めてきたのに、バイデン氏が国境を開放したから大勢の不法移民がアメリカに入ってきてしまった。その結果、アメリカ人の仕事が奪われたり、治安が悪化してアメリカ人が殺されたりしている。こんなことでいいのかと言いたいのでしょう。

トランプ氏の過激発言

バイデン氏は犯罪者やテロリストに国境を開放した。今我が国には最も多くのテロリストが入ってくる。（中略）世界中の全てのテロリストだ。

だからといって、「世界中のテロリストがアメリカに入ってくる」などと極端な言い方で国民の不安を煽《あお》れば、「過激な発言だ」と非難されても仕方がありません。

一方、トランプ氏の支持者にしてみれば、「そうだ。よく言ってくれた」とスカッとした気分になるわけです。

●トランプ「減税を行い、輸入品に高い関税をかける」

経済については、トランプ氏はこんなことを言っていました。

「（アメリカの）物価が上がることはな

い。中国など多くの国のように長年我々からお金をむしり取ってきた国々が犠牲になるだけだ。彼らは私たちに多くのお金を支払わなければならなくなり、財政赤字は大幅に削減される」

これは中国などからの輸入品に高い関税をかけるという話です。それを実行してもアメリカの物価が上がることはない。むしろ中国などがアメリカに多くのお金を支払わなければならなくなり、財政赤字が大幅に削減されるのだ、と。

輸入品に高い関税をかければ、輸入品の値段が高くなって相対的に安いアメリカ製品がたくさん売れ、アメリカ国内の産業は蘇るというのがトランプ氏の主張です。

その是非はともかく、「彼ら（中国など）は私たちに多くのお金を支払わなければならなくなり」という発言には問題があります。

たとえば、中国から入ってくる製品にアメリカが関税をかけると、その分中国製品の値段は高くなります。この場合、関税は輸入するアメリカの企業が負担するのであって、中国企業が負担するわけではありません。つまり、「中国がアメリカに多くのお金を支払わなければならなくなる」は事実誤認です。

経済政策でも激論！

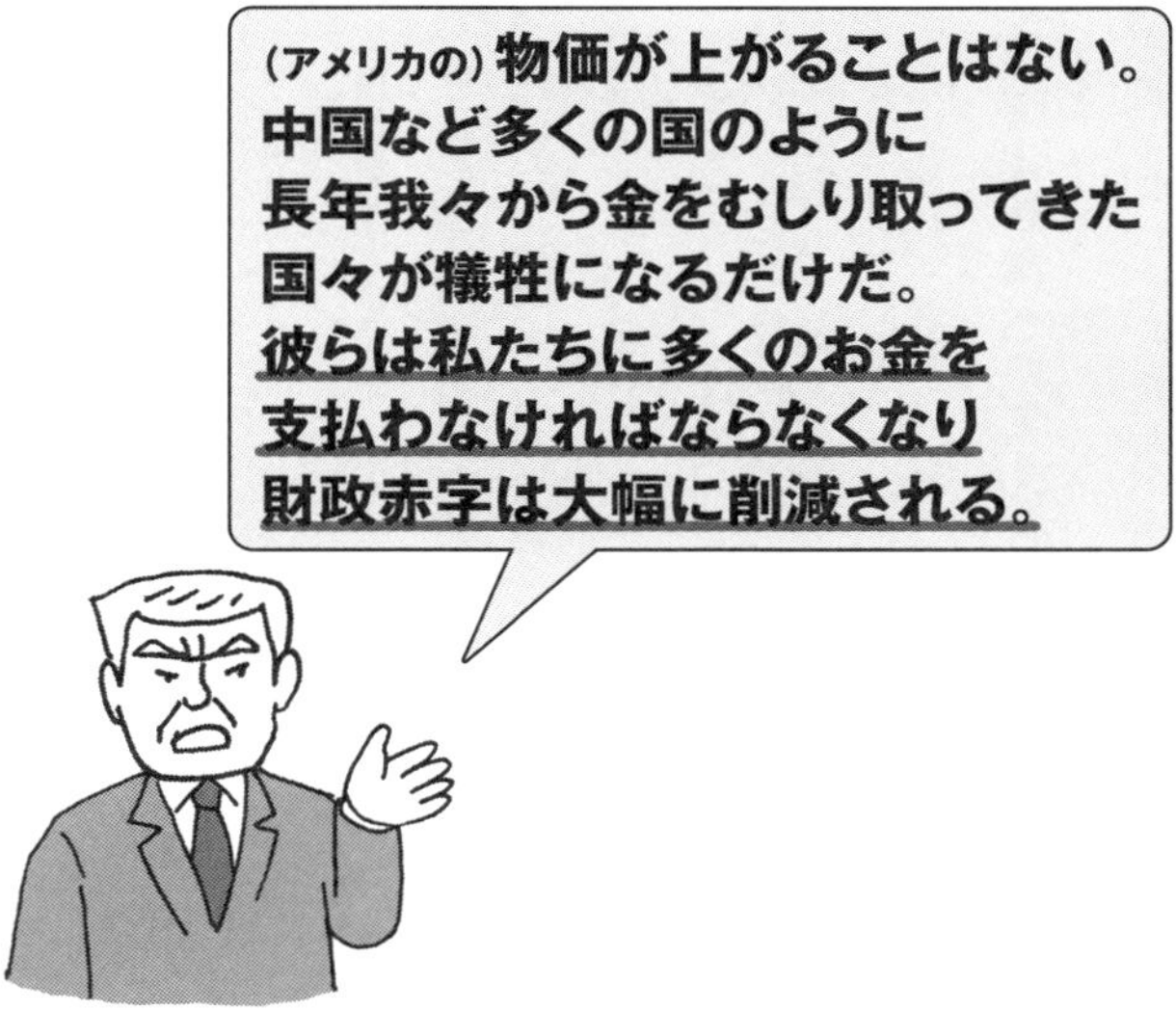
(アメリカの) 物価が上がることはない。
中国など多くの国のように
長年我々から金をむしり取ってきた
国々が犠牲になるだけだ。
彼らは私たちに多くのお金を
支払わなければならなくなり
財政赤字は大幅に削減される。

トランプ氏は
2兆ドルの減税を行い
大金持ちに恩恵を与えた。
今私がやろうとしているのは
税制の修正だ。

このことから、トランプ氏は関税についての理解が乏しいのではないかと指摘されました。

一方で、バイデン大統領は経済政策について次のように発言しました。

「トランプ氏は2兆ドルの減税を行い、大金持ちに恩恵を与えた。今私がやろうとしているのは税制の修正だ」

トランプ政権が大型減税をしたために大金持ちが一段と大金持ちになり、格差が広がった。自分が当選したら大金持ちに高い税金をかけて、格差を是正するつもりだというのがバイデン氏の主張です。

これに対しトランプ氏は、大幅な減税をしたからアメリカ経済は良くなった。なのにバイデン氏はこれから税金をかけてアメリカ経済を悪くしようとしている。こう主張してバイデン氏を批判したのです。

●地球温暖化対策への考え方が正反対

環境問題についても激論が交わされ、バイデン氏はトランプ氏を厳しく批判しまし

環境問題への考えも180度違う!?

トランプ氏は
環境に関して何もしなかった。
彼はパリ協定から脱退し
私はすぐに参加した。
パリ協定には1兆ドルかかる。
お金をムダにしたくなかった
から終わりにした。

た。

「トランプ氏は環境に対して何もしなかった。彼はパリ協定から脱退し、私はすぐに参加した」

これに対してトランプ氏は、

「パリ協定には１兆ドルかかる。お金をムダにしたくなかったから終わりにした」

と反論。要は、パリ協定によって環境対策をするには多額のお金がかかる。そんなお金は無駄だからパリ協定から脱退したというわけです。

パリ協定とは、２０１５年に合意された地球温暖化対策の国際的な枠組みのこと。パリで会議が開かれたのでパリ協定と呼び、地球温暖化の原因である温室効果ガス（二酸化炭素〈CO_2〉やメタンなど）の排出量を大胆に減らすことを目標に掲げました。ところが、トランプ氏は地球温暖化が集中豪雨や洪水、熱波、干ばつなどの世界的な気候変動をもたらしているという考えに否定的で、地球温暖化を「デッチ上げ」と呼んだこともあります。

バイデン政権は地球温暖化対策として電気自動車（ＥＶ）を普及させようとしてきましたが、トランプ氏は、ＥＶを増やせばガソリン自動車を製造する人たちの雇用が失われるとして、これに大反対。自分が大統領になったら、石油や天然ガスを「掘って、掘って、掘りまくれ」と宣言すると言っています。

このように、環境問題に対する両候補の考え方は百八十度異なり、トランプ氏が勝ったことでアメリカのエネルギー政策は大きく変わるでしょう。

●選挙結果を受け入れるのか？

興味深かったのは選挙結果についての発言です。

司会者が、どちらが勝っても選挙結果を認めるのかとトランプ氏に聞いたところ、トランプ氏の答えは曖昧《あいまい》でした。そこで司会者が再度、同じ質問をすると、トランプ氏はこう答えました。

「公正で合法的でよい選挙であればもちろんだ」

これは自分が落選した場合に「選挙は公正でも合法でもなかった」と言える余地があるということです。

バイデン氏は、

「あなたが結果を受け入れるかは疑わしいと思っている」

と応じています。

トランプ氏の答えが不気味だったのは、前回選挙の時に敗北を認めなかったからです。その結果、トランプ氏の支持者がワシントンの連邦議会議事堂に突入して、大勢の負傷者が出て、死者まで出る惨事になりました。

２０２４年の選挙でもしまたトランプ氏が負けて、本人が「この選挙は公正でなかった」と言ったら、怒った支持者は再び暴徒化するかもしれないということで、トラ

トランプ氏は選挙結果を受け入れるのか？

公正で合法的でよい選挙であればもちろんだ。
あなたが結果を受け入れるかは疑わしいと思っている。

2021年
連邦議会議事堂
米上下両院合同会議
トランプ支持者が議会突入で中断

写真：ロイター／アフロ

ンプ氏の発言は多くのアメリカ国民を不安にさせました。

しかし実際にはトランプ氏が勝利したので、暴動などは起こりませんでした。

●討論会後、民主党はパニックに陥った！

第1回テレビ討論会で私が注目したポイントは2点あります。

一つは、バイデン大統領が高齢不安を払拭《ふっしょく》できるかどうか。この討論会でバイデン氏がはつらつとした姿を見せれば、高齢での出馬を批判する声を封じることができるかもしれないと思って見ていました。結果はすぐに明らかになり、声はかすれる、言葉に詰まる、目線も落ち着きなく動くという有様で、バイデン氏にとっては大失敗でした。

もう一つは、トランプ前大統領の言葉遣いです。

トランプ氏は過激で誇張した表現が目立ちます。「世界中の全てのテロリストがアメリカに入ってくる」というような極端な言い方を平気でする。アメリカのメディアは「事実でない発言が含まれている」と報じましたが、それをアメリカ国民がどう受け止めるかに注目しました。

討論会終了後は、どちらが優勢だったかを問う世論調査が実施されるのが普通です。当時、その結果も含めアメリカ国内の様子をテレビ朝日のワシントン支局長、梶川幸司氏がリポートしたので、それをご紹介しましょう。


梶川　CNNがどちらが勝ったかを尋ねた緊急の世論調査では、トランプ氏と答えた人が67パーセント、バイデン氏と答えた人は33パーセントで、トランプ氏のダブルスコアとなりました。

バイデン氏としては、今回の討論会で高齢不安を払拭させる狙いがあったのですが、高齢による衰えを強く国民に印象づける結果になってしまったと思います。アメリカメディアは、バイデン氏の討論会での振る舞いは破滅的だった、政治的な大惨事だったと表現しており、民主党はパニックに陥っていると伝えています。

バイデン氏は、きのうの演説で「それでも選挙を戦い抜く」と意気込んではいましたが、民主党内ではバイデン氏ではトランプ氏に勝つことはできないとの悲観論が急速に広がっていて、候補者の差し替えを期待する声も出ています。

また、有力紙ニューヨーク・タイムズは「バイデン氏は選挙戦から撤退すべきだ」という社説まで掲載していて、討論会の後でバイデン氏を取り巻く環境は一変してしまったといえます。

池上　これから候補者を差し替えることが可能なのか、あるいはあり得るのでしょうか。その点、どうですか。

梶川　手続き上は可能ですけれども、それはバイデン氏が自発的に立候補を断念するということが前提です。ただ、バイデン氏は今のところ撤退する考えはなさそうで、陣営も強く否定しています。仮にバイデン氏が撤退を決断して新しい候補を選ぶとなっても、（投票日まで）もう４カ月余りしかありませんので、この間にトランプ氏と渡り合えるだけの全米の知名度を獲得することは簡単ではありません。そして新しい候補者を今から決めるとなると、党内の結束が乱れて、選挙に向けた協力体制が空中分解してしまうリスクもあるのです。ですから、可能と言えば可能ではあるのですが、もう今の時期になってからとなりますと、決して簡単ではないということがお分かりいただけるかと思います。

このように第1回テレビ討論会後、民主党はパニックに陥り、「バイデン氏では戦えない」という空気が支配的になります。「バイデン氏は撤退すべきだ」という声が日に日に高まったのに対し、しばらくの間はバイデン大統領もこれに抵抗していました。

しかし、討論会から1カ月も経たない7月21日、ついに選挙戦からの撤退を表明。この時、バイデン大統領が後継候補に指名したのが、当時59歳のカマラ・ハリス副大統領です。ここで民主党と民主党を支持する世論の空気がガラリと変わりました。黒人女性初の大統領が誕生するかもしれないという期待感から、共和党トランプ氏との対決を想定した全米世論調査でのハリス氏の支持率はぐんと上向きます。

8月22日、ハリス氏は民主党の党大会で正式な大統領候補に指名され、その時点でのハリス氏の支持率は48・4パーセントとなり、46・9パーセントのトランプ氏を上回りました。（出典：米政治情報サイト「リアル・クリア・ポリティクス」、読売新聞24年8月24日付）

◉日本と違うアメリカのテレビ事情

ここまで第1回テレビ討論会について詳しく見てきました。ここで質問です。大統領候補のテレビ討論会には主催者がいます。それは誰だと思いますか？

答えはテレビ局。1回目の討論会はCNNが主催しました。

実は、これまでは大統領候補討論会委員会という非営利の組織が主催していました。この委員会がどこのテレビ局でいつやるのか等々を決めていたのですが、今回は例外的にテレビ局が主催することになり、1回目はCNNが担当したのです。

では、アメリカのテレビ事情について確認しておきましょう。

アメリカのテレビのチャンネルは非常に多く、全部で数百チャンネルあります。その中で主なものは四つ。地上波の全国ネットワークを持つABC、CBS、NBC、そしてFOXです。これが4大ネットワークです。

ところが、アメリカは国土が広すぎて、これらの電波が届かない地域が結構あるのです。そういうところに住んでいる人はケーブルテレビを、つまりケーブルを引いて

アメリカのテレビ事情

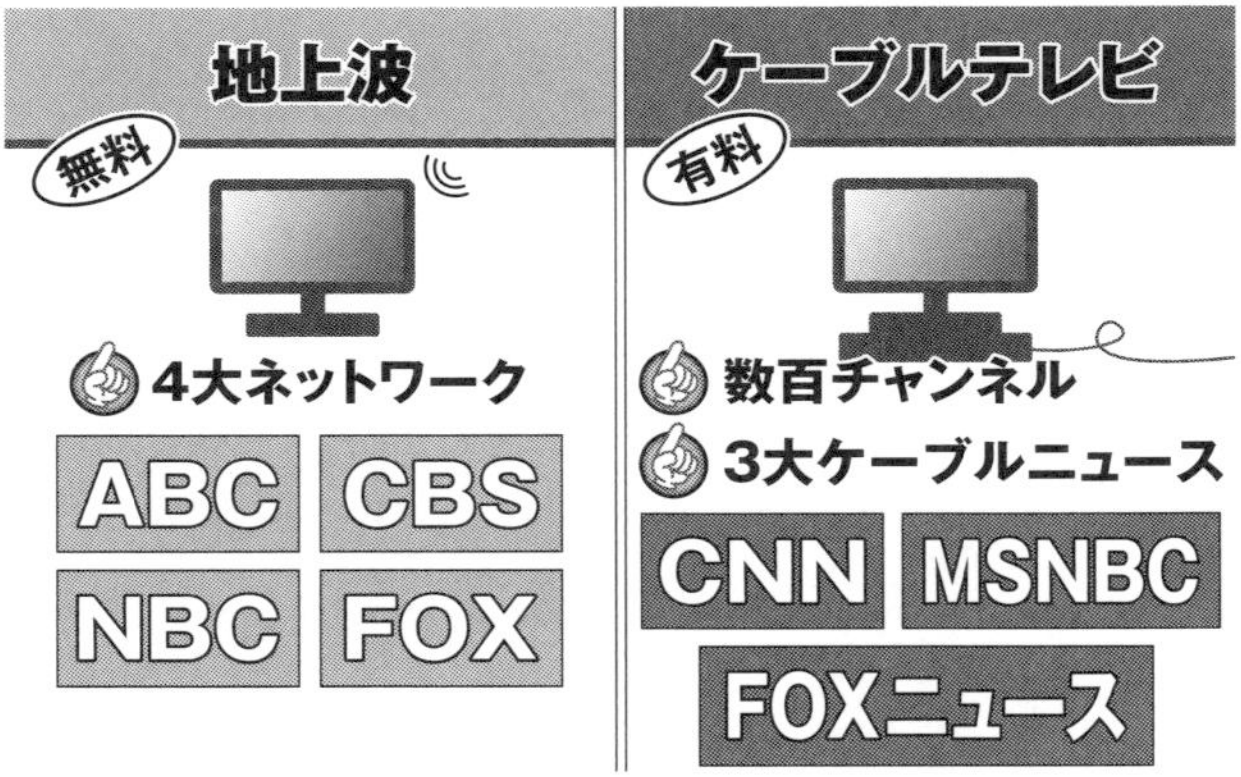

きた会社にお金を払ってテレビを見ます。それが数百チャンネルとたくさんあるわけです。

このケーブルテレビの中にあるニュース専門チャンネルがＣＮＮ、ＭＳＮＢＣ、ＦＯＸニュースです。中でもＣＮＮは、世界で初めて24時間放送のニュース専門チャンネルを立ち上げたことで名を上げました。

アメリカのテレビ局は一日中ニュース番組をやっていると勘違いしている人はいませんか？　地上波の４大ネットワークの場合、１日のうちでニュースの時間はせいぜい30分から１時間程度です。それ以外はドラマやバラエティ番組、クイズ番組など様々な番組を放送しています。

その点、今挙げた三つのケーブルテレビのテレビ局は、24時間ニュースを放送し続けるのでニュースオタクはこちらを見ます。日本のマスコミも、アメリカのニュースを取り上げる時はケーブルテレビのニュースを引用することが多く、結果的にアメリカではいつもニュースを流していると思ってしまうようです。実際には、３大ケーブルニュースを見ていない人は、ニュースのことをあまり知りません。

●アメリカのテレビは中立じゃない⁉

アメリカには特定の政党寄りのテレビ局があることは第1章でも述べました。この点が日本とアメリカの大きな違いです。

日本のテレビ局は「中立公正に」と放送法で決まっていて、たとえば選挙報道でも、候補者一人だけを取り上げるのではなく、平等に他の候補者も同じ時間をかけて取り上げます。

アメリカにはこういう仕組みはありません。昔はあったのですが、チャンネル数が増えたことで、みんな横並びで同じような報道をするわけにはいかなくなります。たくさんあるのだから各局が自由に報道して、視聴者も自分の好きなチャンネルを見ればいいというように考え方が変わり、中立公正でなくてもよくなったのです。これにより、それぞれの政党寄りのテレビ局が出てきました。

代表的なのがＣＮＮ、ＭＳＮＢＣ、ＦＯＸニュースです。

ＦＯＸニュースは元々共和党寄りのニュースを出していて、トランプ氏が出てきた頃は、共和党主流派の考え方と違うということで結構批判的でした。ところが、そのうちトランプ氏が共和党内で絶大な人気を持つようになると、トランプ氏べったりになります。その傾向がずっと続いているので、トランプ氏を好きな人はいつもＦＯＸニュースを見て「トランプはやっぱり素晴らしい」と思うわけです。

一方、ＣＮＮやＭＳＮＢＣはトランプ氏に対して批判的です。特にＭＳＮＢＣはマイクロソフト社とＮＢＣが共同で作ったニュース専門チャンネルで、民主党寄りとして有名です。トランプ氏が嫌いな人はこちらを見て、トランプ批判報道が流れるたびに「おお、そうだそうだ」と溜飲を下げています。

テレビ局によって報道スタンスが異なるため、アメリカ人の考え方もどのテレビ局を見ているかによって全く違います。アメリカに行って、ニューヨークのホテルのロビーにあるテレビではＣＮＮかＭＳＮＢＣが映っていることが多いのですが、アメリカ南部のホテルのロビーでは、テレビはＦＯＸニュースばかりです。アメリカ社会で分断が深まっている背景には、こうした事情もあるのです。

24年5月末に、大統領経験者として初めてトランプ氏に有罪評決が下されました。これは不倫の口止め料を払う際に、トランプ氏がポケットマネーで払わないで弁護士費用と偽り、自分が経営するトランプ・オーガニゼーションという会社で不正な処理をして、つまり業務記録を改ざんしてニューヨーク州に提出したことが罪に問われたものです。

この時ＦＯＸニュースは、淡々と事実だけを伝えて、トランプ氏が「これは政治的な魔女狩りだ」と主張しているところを紹介していました。逆にＣＮＮは、朝から晩までまるで鬼の首でも取ったかのようにトランプ氏有罪評決のニュースをずっとやっていました。

アメリカのテレビは偏っている!?

テレビ局によってこれだけ大きな違いがあるということです。

◉選挙のテレビCMは相手候補の批判ばかり

コマーシャル（ＣＭ）も日本とはだいぶ違います。

アメリカでは選挙前に大量のテレビコマーシャルを流すのが普通です。その内容は相手候補を激しく批判するものが多く、たとえばトランプ前大統領を批判するＣＭはこんな感じです。

「法廷ではドナルド・トランプが34件の罪で有罪となる。性的暴力や金融詐欺を犯した。一方、ジョー・バイデンは医療費を削減し、企業に公平な負担をもたらした。選挙は自己中心的な犯罪者と家族のために戦う大統領で争われる。ジョー・バイデンはこのメッセージに賛成します」

次はバイデン大統領を批判するＣＭです。

「ジョー・バイデンについて考えてみる。階段に負ける。自転車に負ける。ジャケットに負ける。よく迷子になる男は４年後まで生きてられるの？　彼の後ろで待っているのは……。今日バイデンに投票したら明日はカマラ・ハリスです。ドナルド・トランプはこのメッセージに賛成します」

バイデン批判のCMは、映像がないとわかりにくいかもしれませんね。「階段に負ける。自転車に負ける」はバイデン氏が階段や自転車で転んだことを指し、「ジャケットに負ける」はジャケットが脱げなくて苦労している様子を皮肉った言葉です。

また「明日はカマラ・ハリスです」は、ハリス氏が副大統領としてあまり実績がなく評判が悪かったことを踏まえて、この評判の悪い人物が大統領になっていいのかというメッセージになっています。

アメリカの選挙にものすごくお金がかかるといわれているのは、このテレビコマーシャルにお金がかかるからです。といっても、候補者本人がお金を出すわけではありません。今ご紹介したCMの最後には、候補者本人の声で「ジョー・バイデンはこのメッセージに賛成します」「ドナルド・トランプはこのメッセージに賛成します」という言葉が流れました。これはちょっと不思議な表現だと思いませんか？

どういう仕組みになっているかというと、まずそれぞれの陣営を応援する委員会が

各候補者の応援委員会がCMをつくる

ライバル候補を攻撃するCM

組織され、次にその委員会が政治献金を受け取って、そのお金でテレビコマーシャルをガンガン流します。候補者個人への政治献金は上限額が決まっているのに対し、委員会への献金は青天井。いくらでも献金できるので、委員会でお金をたくさん集めれば集めるほど選挙資金は潤《じゅん》沢《たく》になり、選挙戦で有利になるというわけです。「選挙にお金がかかる」というのはそういう意味です。

　なお、候補者にとって委員会は自分の公式ファンクラブのようなものです。そこがテレビCMを流すときは、候補者が内容を承認したことを示すため、先ほどのように本人の言葉を添えるのです。

●まだ正式な大統領候補ではない⁉

第1回テレビ討論会が行われたのは6月27日です。考えてみると、この時は二人ともまだ正式な大統領候補になっておらず、6月の開催は異例でした。

大統領選挙のスケジュールを振り返ってみましょう。共和党が党大会を開いて正式に候補を決めたのが7月、民主党は8月です。第1回討論会は共和・民主両党の党大会前に行われました。第2回は党大会後の9月です。

本来なら正式な候補が決まってからテレビ討論会を開催する方が自然です。それなのに、今回、1回目の討論会はなぜ前倒しで行われたのでしょうか。

従来、主催者は大統領候補討論会委員会だったことは前に述べました。ところが、前回の20年選挙でトランプ氏が暴言を吐いたり途中で妨害してきたりしたので、24年選挙ではバイデン陣営が当初、テレビ討論会には参加しないと言っていました。しかし、それでは（視聴者数を稼げる一大イベントを失う）テレビ局が困るため、委員会

2024年アメリカ大統領選までのスケジュール

6月27日	第1回 テレビ討論会
7月	共和党 正式に候補決定
8月	民主党 正式に候補決定
9月10日	第2回 テレビ討論会
11月5日	大統領選挙

ではなく報道機関がみんなでまとまって討論会をやろうということになり、それなら参加してもいいとバイデン陣営が承諾したのです。

そして第1回はCNNが主催しますが、その際、討論会を2回とも党大会後にやった場合、一部の州の期日前投票と日程が重なる恐れがあり、それでは討論会をやる意味がないということで、1回目は党大会前に行うことが決まりました。

期日前投票も含め投票前にテレビ討論会を行うことで、有権者に判断材料を提供したいという狙いがあったわけです。

ちなみに、民主党候補のハリス氏がト

ランプ氏と対峙《たいじ》した第2回討論会は、ABCテレビの主催で9月10日（日本時間11日）に行われました。討論会終了後にCNNが実施した緊急世論調査によると、ハリス氏勝利と回答したのは63パーセント、トランプ氏は37パーセントです。

劣勢だった民主党陣営は一挙に盛り返し、全米の世論調査でハリス候補は共和党トランプ候補よりも優勢という評価を受けるまでになりました。

しかし、この人気が長続きすることはなく、結局トランプ氏に敗れてしまいました。

第5章

トランプ再選に揺れる世界

――トランプが勝ったことで日本はどうなる？

●日本の輸出産業が打撃を受ける恐れ

大統領選に勝利したトランプ氏は早速、政権移行チームを立ち上げ、2期目となるトランプ政権の閣僚を次々に指名しました。こうした人事は25年1月20日の新政権発足後、議会上院が承認して初めて正式決定となります。

上院は、大統領選と同時に行われた選挙で共和党が53議席を獲得。民主党の47議席を上回って定数100の過半数に達しました。数だけ見れば共和党が優位に立ったため、閣僚は全員スムーズに承認されそうに見えますが、共和党にはトランプ氏に批判的な議員もいます。指名された人の中には過去に問題を起こした人や資質に疑問符が付く人もいて、一部の共和党議員が承認に反対すれば、人事がすんなり決まらないことも十分あり得ます。

では、トランプ氏が大統領に返り咲いたことで、日本にはどんな影響があるでしょうか。

経済に関しては、トランプ氏は法人税を減税すると言っています。お金持ちを優遇

トランプ政権で日本経済はどうなる？

◇ 減税で日本も株価高に!?

◇ 関税をかけられ輸出産業は大変!?

する減税です。それによってアメリカの大企業の利益が増えれば、株価が上がります。アメリカの株価が上がるとそれにつられて日本の株価も上がり、景気はよくなるでしょう。短期的に見れば、日本経済にはプラスになると考えられます。

　一方でトランプ氏は、世界各国からの輸入品に10～20パーセントの関税をかけると言っています。日本はアメリカに自動車などを輸出していますが、それに10～20パーセントの関税をかけられたら、アメリカでの販売価格は跳ね上がり、日本の製品はアメリカで売れなくなります。ということは、輸出産業は打撃を受ける恐れがあるということです。

さらに問題なのは、トランプ氏が中国からの輸入品に60パーセントもの高い関税をかけると言っていることです。こうなると日本経済には明らかにマイナスです。

日本は中国にいろいろなモノを輸出しているので、中国製品がアメリカ市場から締め出されれば、日本から中国への輸出も減少します。つまり、間接的に日本経済も悪くなるのです。

●防衛費や米軍駐留経費で増額要求か？

安全保障にも影響が出るかもしれません。日本は全国各地に駐留するアメリカ軍の基地を維持するために莫大なお金を出しています。中でも、以前は「思いやり予算」と呼ばれ、今は「同盟強靱《きょうじん》化予算」の名が付いている在日米軍駐留経費負担は、約2124億円に上ります（24年度。出典：防衛省）。

これは米軍基地で働く従業員の給与、提供施設の整備費、水道光熱費などで、日本の負担割合は他国と比べてかなり高いのですが、トランプ氏は「もっと負担しろ」と言ってくるだろうと多くの人は見ています。

また、防衛費の増額を要求してくる可能性もあります。「アメリカ軍が高いコストを払って守ってやっているのに日本はタダ乗りしている。もっとカネを払え」というのがトランプ氏の持論だからです。

トランプ氏は基本的にビジネスパーソンですから、何でも1対1での取引（ディール）に持ち込もうとします。とりあえず最初にかなり無茶な要求をふっかけておいて、妥協点を探すというやり方です。

たとえば、「関税を20パーセントかけるぞ」と言っておいて、「そんなにかけられたら大変だ」と日本側があたふたしたところで、「もっと武器や兵器を買うのであれば、もっと米軍駐留経費を負担するのであれば、関税を減らしてやってもいいよ」と提案するわけです。現時点では仮定の話ですが、そんな交渉がこれから始まるかもしれないと覚えておきましょう。

なお、取引する際はトップ同士の相性が大事です。石破茂総理は果たしてトランプ氏と仲良くなれるのか。この点も注目ポイントです。

トランプ政権で日本の安全保障はどうなる？

1期目は、当時の安倍晋三総理がトランプ氏とゴルフで親密になり、そのおかげでトランプ氏がいろいろと無茶なことを言ってきても、安倍氏がうまくかわしてブレーキをかけることができたともいわれています。

石破総理は学生時代にゴルフをやったことがあるだけで、今は一切やっていないそうです。となると、ゴルフで仲良くなるのは難しい。日本側で期待しているのは、二人ともキリスト教プロテスタントの信者であること。石破総理は敬虔《けいけん》なクリスチャンなので、信仰を介してトランプ氏と友情を結ぶことができるのではないかと見ているようです。

●ウクライナ支援は打ち切りか？

トランプ大統領になると世界の争いはどうなるでしょうか。特に、もう3年近くになるロシアとウクライナの争いの行方が気がかりです。

この争いについて、トランプ氏が「私なら次期大統領に就任する前にこの戦争に決着をつけさせる」（第1回テレビ討論会）と述べたことは前に紹介しました。この発言と少し矛盾するのですが、トランプ氏は別のところで「私が大統領になったら、ロシアとウクライナの戦争を24時間以内に終わらせる」とも言っています。

就任前にしろ就任後にしろ、とにかく自分がその気になれば、戦争を終わらせるのは簡単だと言いたいようです。

トランプ氏は「なぜアメリカがウクライナのためにこんなにお金を使わなければならないんだ。そのお金をアメリカ国民のために使え」と繰り返し語っていて、ウクライナへの支援に極めて消極的です。2期目の閣僚を指名する際も、ウクライナ支援に前向きな人は外されました。

こうしたことから、「トランプ氏が大統領に就任したら支援を全部やめるのでは？」と不安視されています。

今のウクライナはアメリカの支援でかろうじてロシアと戦っているわけで、ヨーロッパ諸国の支援だけでは不十分です。アメリカが手を引けば、あっという間にウクライナが負けてしまうかもしれない。もしかするとトランプ氏は、「ロシアの言うことを聞け」とウクライナに圧力をかけて、ロシアに有利な条件で戦争を終わらせるつもりかもしれません。今のところ、このように悲観的な見方が出ています。

●北朝鮮がロシアへ兵士を派遣

次に、緊迫の度を深めている朝鮮半島情勢を見てみましょう。

近年、北朝鮮と韓国の関係は悪化の一途《いっと》をたどっています。核・ミサイル開発を進める北朝鮮に対し、韓国の尹錫悦《ユンソンニョル》大統領は厳しい態度をとってきました。これに反発した北朝鮮が、関係改善の道を自ら閉ざすかのように、憲法を改正して韓国は敵国であると規定したのです。かつては朝鮮半島を統一したいと言っていたのに、今は言わなくなりました。

最近ではロシアへの派兵が大きなニュースになっています。侵攻を続けるロシア軍に押され気味だったウクライナ軍は、24年８月、国境を接するロシア西部のクルスク州に攻め込みました。これは越境攻撃によって戦局を挽回《ばんかい》しようという作戦でした。このロシアが攻め込まれている地域などに大量の兵士を派遣したのが北朝鮮です。

しかも、彼らはロシア軍兵士に偽装して参加しています。ロシア東部には朝鮮系の

ロシア・ウクライナ戦に北朝鮮が兵士を投入する理由は？

※2024年11月11日時点
出典：Institute for the Study of War, AEI's Critical Threats Project

人たちが大勢住んでいますし、ロシアは180以上の民族がいる多民族国家ですから、見た目をロシア人のように装うことは可能なのです。

他国の戦争に軍を派遣すること自体は珍しくありませんが、普通は自分の国の指揮の下、自国の国旗を着けて戦うものです。北朝鮮も過去にはベトナム戦争や中東戦争で軍を派遣しています。ところが今回は、北朝鮮が国家として参戦したわけではなく、ただ兵士を貸しただけ。なぜそんなことをしたのでしょうか。もちろんそこには北朝鮮なりの狙いがあります。

◉お金のために兵士を売り渡した⁉

北朝鮮がロシアに兵士を送り込んだのは、一つにはお金目当てです。

北朝鮮は今、金欠状態です。自国の兵士をロシアに売り渡したようなかたちになっているのは、ただただお金が欲しいから。北朝鮮には兵士一人当たり月30万円ほどの給与が支払われるそうです（出典：韓国国家情報院）。兵士にではなく北朝鮮という国に対して支払われ、それだけで年間４００億円以上の収入になるということです。

派遣された兵士は入隊まもない10代、20代が多いともいわれていて、ロシア人兵士の弾よけに使われているのではないかとの見方があります。ロシア軍は、危険な最前線にはまず北朝鮮の兵士を送り込み、ロシア人兵士の損害を減らしたいと考えるはずです。特に今はウクライナ軍がロシアの領土に攻め込んできているので、そこに北朝鮮の兵士を投入してウクライナ軍の攻撃を止めようとしています。

ということは、この先、ロシアに派遣された北朝鮮の兵士が大勢死んでいくことになるかもしれない。ただ、さすがに兵士を外国に売り渡していることが国内で発覚したら大騒ぎになります。そのため北朝鮮では一切報道されていません。韓国の情報機関によると、派遣された兵士の家族は隔離されたり集団移住させられたりして、一般の人たちと交流できないようにさせられているそうです。

また、北朝鮮は派兵の見返りに、武器輸出でも大きな収入を得る見通しです。その方法は、ロシア軍が使う武器を北朝鮮が大量に製造して輸出するというもの。ロシアがかなり高い値段でその武器を買い取ってくれるというのです。

北朝鮮はこうやって莫大な外貨を手に入れようとしています。

◉実戦経験を積ませて韓米との戦争に備える!?

北朝鮮が派兵をする二つ目の狙いは、北朝鮮兵に実戦経験を積ませることです。というのも、朝鮮戦争（1950～53年）が休戦状態になって以来、北朝鮮は戦争をしていません。軍事演習を何回やったところで本当に戦争するのとは全く違うわけで、戦場では実戦経験の豊富な軍隊の方があらゆる点で有利です。

北朝鮮としては、兵士たちにウクライナ軍との戦いを経験させ、実際に武器や兵器を使わせて自信を持たせ、将来、韓国やアメリカと戦争になった時のために準備しているのです。

韓国は敵であると明言していることからも、北朝鮮が韓国、そしてその同盟国アメリカとの戦争を見据えていることがわかります。

北朝鮮には「暴風軍団」と呼ばれる特殊部隊も存在し、この部隊もロシアに派遣されたといわれています。こういう鍛《きた》え上げた兵士たちの派遣は、実戦経験を積ませていざという時に備える意味合いが強いでしょう。

◉北朝鮮は第２次トランプ政権の誕生を歓迎

ロシアへの派兵の見返りに核・ミサイル開発で技術提供を受けること。これも北朝鮮の狙いの一つです。

さらに、派兵を決めたのにはこんな理由もあります。

北朝鮮は戦争の準備をするかたわら、アメリカとの対話によって自国の安全を確保しようと考えてきました。この場合、トランプ氏の大統領への返り咲きは願ってもないチャンスです。なぜかというと、民主党の歴代大統領が北朝鮮を無視する姿勢をとったのと比べ、トランプ氏は史上初の米朝首脳会談を行った大統領だからです。

「トランプ氏が再び大統領になれば、我々と向き合ってくれるはずだ」

これが北朝鮮側の捉え方で、第2次トランプ政権ができれば対等に交渉ができ、北朝鮮にもいろいろなメリットがあるのではないかと考えて、トランプ大統領が誕生するのを待ち焦がれていました。

ですから、ちょうど大統領選直前の24年10月頃にロシアに兵士を派遣した北朝鮮は、トランプ新大統領に求められたら兵士を引きあげてもいいと言うかもしれません。その代わり、我々の要求も聞いてほしいと言ってくるはずです。これはあくまで仮説ですが、北朝鮮はいろいろな交渉材料を用意していて、ロシアへの派兵もその一つではないかというふうにも見られているのです。

現在、北朝鮮の金正恩総書記とロシアのプーチン大統領は親密な関係にあります。ロシアへの兵士派遣も、この良好な関係を背景に実現しました。ただ、兵士が一緒になって戦うほど北朝鮮とロシアの関係が良いというのは、日本にとってなかなか厄介

トランプ大統領の再登板で、世界情勢は緊迫化!?

な問題です。

たとえば北朝鮮と韓国の間で軍事的な紛争が起きたときに、ロシアが北朝鮮の応援に入ってきたらどうでしょうか。韓国は強大な核兵器保有国のロシアを相手に戦わなければならなくなります。そう考えると、朝鮮半島情勢はこれからさらに緊迫するかもしれず、日本にとって決して他人事《ひとごと》ではないということです。

●「台湾有事」が現実味を帯びてきた！

東アジアで危険度が増しているのは朝鮮半島にとどまりません。日本のすぐそばの台湾をめぐる情勢も緊迫しています。特に23年に中国の習近平国家主席が異例の３期目に入ってから危険レベルが一段と上昇しました。

中国と台湾は昔から独立問題などで揉めていますが、最近は「本当に軍事衝突が起きるかも」とニュースになるほど緊張感が高まっています。

でも、中国は本当に台湾に攻め込んだりするのでしょうか？　そしてもしそれが起きたら日本はどうなるのでしょうか？

中台関係についての中国政府の公式見解は「台湾は中華人民共和国の一部である」というものです。習近平主席も「台湾は中国の神聖な領土」「決して武力の使用を放棄することはしない」などと述べて、台湾独立の動きを牽制《けんせい》してきました。

これに対して、中国の統治権は台湾に及んでいないというのが台湾の立場です。24年5月に台湾の総統に就任した頼清徳《らいせいとく》氏は、

「中華民国（台湾）と中華人民共和国は互いに隷属しない」（24年5月）

「中華人民共和国に台湾を代表する権利はない」（24年10月）

と述べています。

さらに頼総統は欧米や日本と連携していくとも語っており、中国としては頼氏を独立志向の強い人物と見て、目の敵《かたき》にしているところがあります。

24年10月に行われた中国軍による軍事演習は、台湾をほぼ取り囲む大掛かりなもので、台湾側への強い牽制として大きなニュースになりました。

いわゆる台湾有事については、日本も巻き込まれてしまうのではないかと心配されています。この場合、台湾がいちばん頼りにしているのはアメリカです。いざという

中国は台湾に攻め込むのか？

写真：ロイター＝共同通信

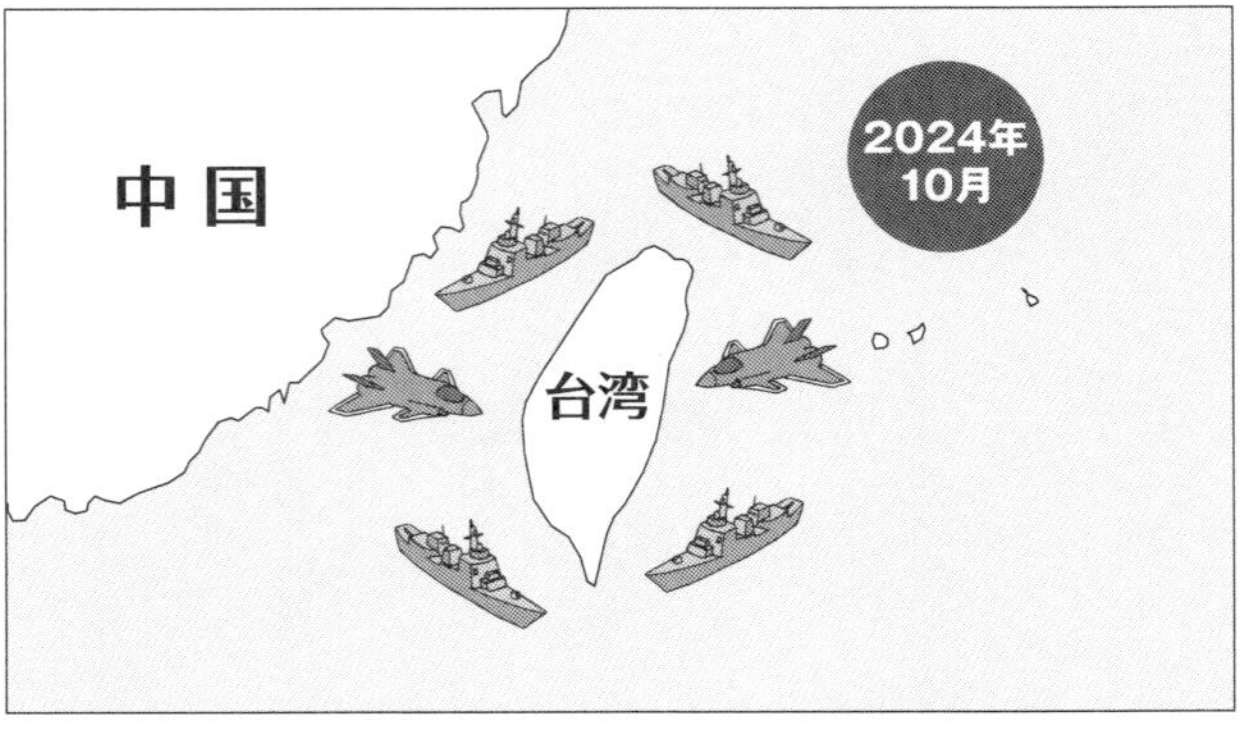

中国が台湾を取り囲む形の軍事演習を！

時、アメリカが台湾を助けるとしたら、アメリカ軍はどこから出発しますか？

そう、沖縄ですね。

すると、台湾への武力侵攻を決断した中国は、アメリカの介入を阻止するため、アメリカ軍の出撃拠点である沖縄の基地にミサイルを撃ち込むかもしれません。もしそうなったらこれは大変な事態です。米軍基地のあるところは日本の領土ですから、日本が中国から先制攻撃を受けたことになり、自衛隊は日本を守るために出動するでしょう。「台湾有事は日本有事」という言葉がありますが、それは要するにこういうことなのです。

24年10月23日から11月１日にかけて奄美大島（鹿児島県）などで実施された自衛隊とアメリカ軍の共同統合演習では、台湾有事が起こった時のことを想定して日米合わせて４万５千人が参加。Ｆ15戦闘機の連続離着陸訓練や実弾を使った発射訓練などが行われました。

この演習によって、万が一の時は日本とアメリカが一緒になって台湾有事に対応するということを、目に見えるかたちで中国に示したわけです。

台湾有事には、日本とアメリカが一緒になって対応する姿勢

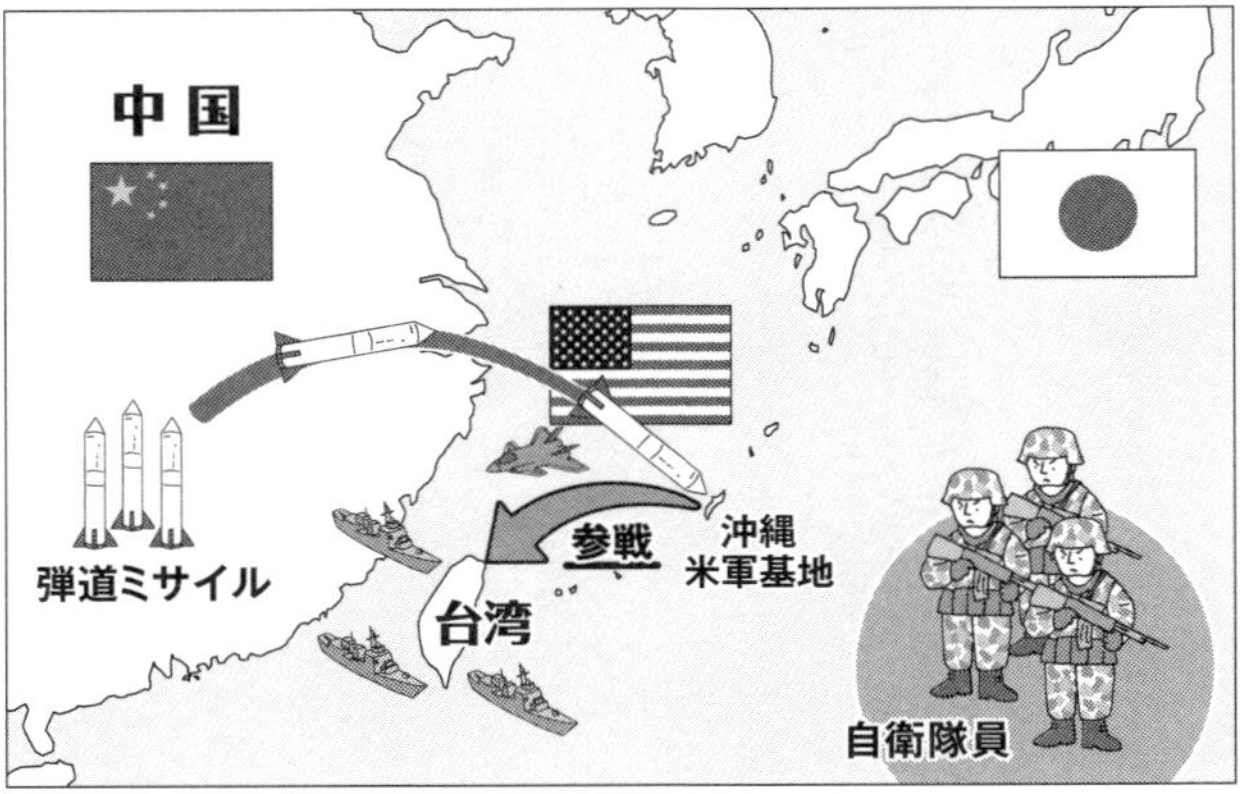

◉アメリカが台湾を見捨てたら、その時日本は？

これまでのアメリカは台湾の味方でしたが、２期目のトランプ氏は同じように味方をするでしょうか？

大統領選の最中にトランプ氏がこんな質問をされたことがあります。あなたが再び大統領になったとして、もし中国が台湾を攻撃したらあなたは台湾を守りますか、と。トランプ氏はそれに関しては答えないで、そもそも台湾はアメリカの半導体の技術を盗んだのだと台湾を批判したのです。あるいは、もし中国が台湾に侵攻したら中国に対して１５０〜２００パーセントの関税を課すつもりだと言っています。つまり、経済制裁はするけれども、軍事力の行使については何もコメントしていないということです。

こういった発言から、トランプ氏は台湾を軍事的に助けないのではないかという不安が広がっています。

トランプ氏の代名詞は「アメリカファースト」。アメリカにとってプラスになるかマイナスになるかを計算した上でどうするか決めるというのがトランプ流のやり方です。マイナスになると思えば、なぜあんな東アジアの小さな島を守るためにアメリカ軍を出さなければいけないんだと言うかもしれない。しかし、必ずそうなるという断定はできません。たとえば、台湾を守るために戦った方がアメリカの軍需産業が潤《うるお》い、景気も良くなると見て、プラスになると考えるかもしれないからです。ここがトランプ氏の予測不能なところです。

トランプ氏が台湾を守らないという確証が得られれば中国は台湾を攻めるかもしれませんが、トランプ氏の出方は予測不能。事実、1期目の4年間は、トランプ大統領がどう出てくるかわからないので、どの国もうっかり手出しできないと警戒して戦争が起きませんでした。

極めて逆説的ですが、予測不能のゆえに、トランプ氏が大統領になると中国はうっかり台湾に手を出せなくなるかもしれません。これは楽観的なケースです。しかし、悲観的なケースも考えておく必要があります。

トランプ氏が台湾を見捨てた場合、アメリカ軍が沖縄から出動することはなくなります。そうなれば、中国から沖縄にミサイルが飛んでくることもないわけです。つまり、日本は安全です。

その代わり、台湾は多大な人的犠牲を払った末に中国に統一され、台湾から自由と民主主義は消えるでしょう。それで日本はいいのでしょうか？　日本は深刻なジレンマに陥ることになります。

◉イスラエルVSイランが泥沼化

中東というと、何となく危険で紛争が絶えないというイメージがありますが、アラブ首長国連邦（ＵＡＥ）のドバイのように戦火とは全く無縁で、経済の著しい発展が見られる平和な地域もあります。一方で、やはり揉めているところもあるのが中東の実情です。

23年10月にガザ地区でイスラエルとハマスの戦闘が始まってから約1年が経ち、これからどうなるんだろうと思っていた矢先に今度はイスラエルとイランの対立が激化しました。夏から秋にかけての数カ月で中東の揉め事が急速に膨《ふく》れ上がり、いよいよ

反イスラエルの武装組織にイランが支援

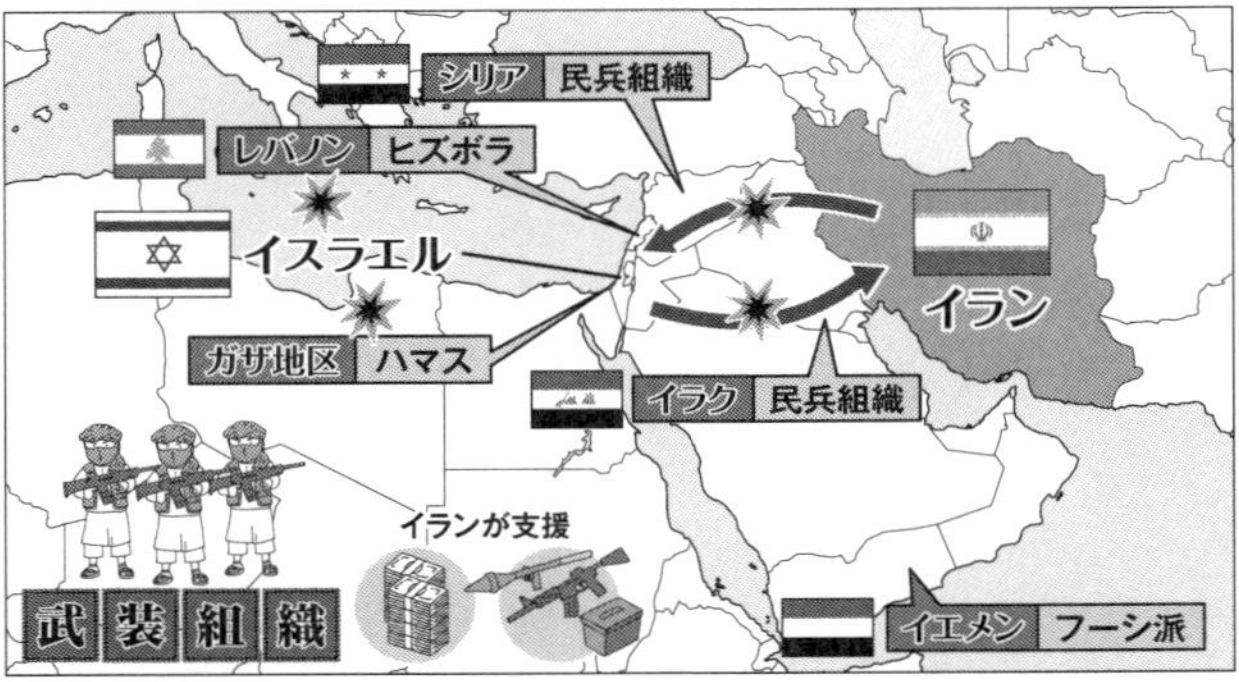

危険水域に達しています。

なぜこんなことになったのか？　きっかけは、イランが支援するイスラム教シーア派武装組織ヒズボラに対してイスラエルが大規模な攻撃を行ったことです。

中東にはイランの支援を受けた武装組織が各地にあり、中でもヒズボラは「世界で最も重武装した非国家組織」（出典：戦略国際問題研究所）です。ヒズボラは、イスラエルを敵視する武装組織ハマス同様、反イスラエルの旗を掲げていて、イスラエルとハマスの戦闘が始まって以来、たびたびイスラエル北部を攻撃してきました。

イスラエルとしてはハマスが当面の敵であ

り、ヒズボラと戦えば戦力が分散してしまうため、その都度反撃はするものの、対応は抑え気味でした。しかし、ヒズボラがしつこく攻撃を繰り返したことから、業《ごう》を煮《に》やしたイスラエルはついに大規模な軍事行動を起こしたのです。

24年9月、まずヒズボラの戦闘員たちが持つ通信機器をイスラエルが爆破（17、18日）。大混乱に陥った隙《すき》にヒズボラの拠点があるレバノンを何度も空爆し、ヒズボラのトップ（最高指導者ナスララ師）を殺害しました（27日）。

すると、仲間への攻撃を見かねたイランが10月、イスラエルへ向けて１８０発以上の弾道ミサイルを発射、これに怒ったイスラエルもイランを空爆するなど攻撃の応酬が続き、争いは泥沼化しています。

これまでもイスラエルとイランは対立していましたが、直接戦火を交えることはお互いに避けてきました。それが今はこのように戦火を交えるようになって、これからどこまでエスカレートするのか非常に心配です。

●アメリカがイスラエルに味方する理由

そんな時にアメリカで大統領選が行われ、共和党のトランプ氏が返り咲きました。トランプ氏が大統領になると、この争いは激化するかもしれないといわれています。アメリカは共和党も民主党もイスラエル寄りです。どちらもイスラエルを応援していて、年間の支援額は38億ドル（約５７００億円）に上ります。アメリカこそイスラエル最大の支援国です。

最近ではイスラエルに「やりすぎだ！」という厳しい批判が出るようになりました。フランスなどイスラム教徒が多い国ではアメリカ製品の不買運動も起きているのに、なぜアメリカはイスラエルに強く言えないのでしょうか。

その理由は、アメリカでは銀行や大企業のトップなどにユダヤ人が多く、無視できない存在だから。そもそもアメリカには大勢のユダヤ人が住んでいるのです。

では、なぜアメリカにユダヤ人が多いのか？

アメリカは建国以来、自由の国として有名です。特にユダヤ人はヨーロッパやロシ

なぜアメリカでユダヤ系が大きな力を持つのか？

アメリカ長者番付

順位	氏名	企業	備考	順位	氏名	企業	備考
1位	イーロン・マスク	テスラ・スペースX		6位	ラリー・ペイジ	グーグル	ユダヤ系
2位	ジェフ・ベゾス	アマゾン		7位	セルゲイ・ブリン	グーグル	ユダヤ系
3位	マーク・ザッカーバーグ	フェイスブック	ユダヤ系	8位	スティーブ・バルマー	マイクロソフト	ユダヤ系
4位	ラリー・エリソン	オラクル	ユダヤ系	9位	ビル・ゲイツ	マイクロソフト	
5位	ウォーレン・バフェット	バークシャー・ハサウェイ		10位	マイケル・ブルームバーグ	ブルームバーグ	ユダヤ系

出典：米フォーブス2024年版
Times of Israel（2018年10月6日記事）

出典：JEWISH VIRTUAL LIBRARY

イスラエル寄りの政策になるよう活動するユダヤ系ロビー団体

写真：Foto Olimpik／NurPhoto／共同通信イメージズ

アで迫害を受けたため、自由を求めてアメリカへ向かい、迫害が激しくなった19世紀後半以降、数多くのユダヤ人がアメリカへ逃れました。ナチス・ドイツの迫害が強まった20世紀前半頃も、アメリカへ渡るユダヤ人が後を絶ちませんでした。

結果的にアメリカには大勢のユダヤ人が住むようになり、彼らは懸命に働くとともにアメリカの経済発展の波に乗り、金融や映画など様々な業種で成功を収めました。こうして政財界に大きな影響力を持つようになったわけです。

239ページのアメリカの長者番付を見てみましょう。マーク・ザッカーバーグ氏は今のメタ社のＣＥＯ（最高経営責任者）、ラリー・ペイジ氏はグーグルの共同創業者です。富豪ランキングトップ10のうち６人までをユダヤ系が占めています。

また、政治に強い影響力を持つ団体にはユダヤ系ロビー団体があります。ロビー活動とは、もともと議会のロビーでいろいろな要求や要望を示して交渉するという意味で、ユダヤ系ロビー団体はイスラエル寄りの政策になるよう活動する組織です。最有力のＡＩＰＡＣ（米国イスラエル公共問題委員会）の会合には、バイデン政権のブリンケン国務長官が出席していました。ブリンケン氏も自分はユダヤ系だと言っています。

さらに、アメリカには宗教的にイスラエルを支持するキリスト教福音派の信者が多く、アメリカの人口の約４分の１を占めています。選挙を考えるとその存在は無視できないという事情があるのです。

●トランプ再選で中東での争いは激化する⁉

このようにアメリカとイスラエルは切っても切れない関係にあるわけで、トランプ政権はイスラエル重視をもっと強く打ち出すことでしょう。というのも、トランプ氏自身、かなりイスラエル寄りで、自分のことを「歴代で最もイスラエル寄りの大統領」と言っているからです。トランプ氏の娘婿クシュナー氏はユダヤ教徒で、娘のイバンカ氏は結婚を機にユダヤ教に改宗しました。

こうなると、アメリカを味方につけたイスラエルはイランに強硬姿勢をとり、中東での争いはさらに激化することも考えられます。

イスラエルべったりのトランプ氏は、かつてイランを攻撃するようにイスラエルをけしかけたことがあります。問題なのは、その攻撃目標が核施設だったことです。イランには核施設があり、核兵器がもう完成間近だといわれています。トランプ氏はそこを爆撃しろとイスラエルに言ったのです。

バイデン大統領は、そんなことをしたら大変なことになるから絶対にやめてくれと言って、ギリギリのところで食い止めてきました。

けれども、トランプ大統領になったらどうなるかわかりません。実際に核施設を破壊したら、核施設だけに大量の放射性物質が飛散します。とんでもないことになる可能性は高いということです。

こういうことがあると、「早く原爆を持ちたい。そうすれば攻撃されない」と考える国が出てくるはずです。アメリカと敵対する国々が早く核兵器を持とうとして動き出し、核拡散が進むことになりかねない。イランの核施設への攻撃はそういうリスクもはらんでいます。

ただし、ここでも予測不能なトランプ氏のこと、何をするかわからない不気味さがあります。何か起きそうで、結局のところ、何も起きないかもしれない。ということで、これからの４年間、国際情勢から目が離せない状況が続きます。

著者略歴

池上　彰（いけがみ・あきら）

1950年、長野県松本市生まれ。慶應義塾大学経済学部を卒業後、NHKに記者として入局。さまざまな事件、災害、教育問題、消費者問題などを担当する。1994年４月から11年間にわたり「週刊こどもニュース」のお父さん役として活躍。

わかりやすく丁寧な解説に子どもだけでなく大人まで幅広い人気を得る。

2005年３月、NHK退職を機にフリーランスのジャーナリストとしてテレビ、新聞、雑誌、書籍など幅広いメディアで活動。

名城大学教授、東京科学大学（旧・東京工業大学）特命教授など、５大学で教鞭を執る。

おもな著書に『伝える力』シリーズ（PHPビジネス新書）、『知らないと恥をかく世界の大問題』シリーズ（角川新書）、『なんのために学ぶのか』『20歳の自分に教えたいお金のきほん』『20歳の自分に教えたい現代史のきほん』『20歳の自分に教えたい地政学のきほん』『20歳の自分に教えたい経済のきほん』『20歳の自分に教えたいイスラム世界』『第三次世界大戦　日本はこうなる』『世界インフレ　日本はこうなる』（SB新書）など、ベストセラー多数。

番組紹介

池上彰のニュース　そうだったのか!!

最近大きな話題となっているニュースの数々、そして今さら「知らない」とは恥ずかしくて言えないニュースの数々を池上彰が基礎から分かりやすく解説します！ニュースに詳しい方も、普段はニュースなんて見ない、という方も「そうだったのか！」という発見が生まれます。土曜の夜はニュースについて、家族そろって学んでみませんか？

- テレビ朝日系全国ネット
  土曜よる８時～放送中
- 〈ニュース解説〉池上 彰
- 〈進行〉宇賀なつみ

■本書は、「池上彰のニュースそうだったのか!!」（2020年10月31日、11月21日、2024年3月23日、6月1日、29日、10月26日、11月16日）の放送内容の一部から構成し、編集・加筆しました。

SB新書　679

20歳《さい》の自《じ》分《ぶん》に教《おし》えたいアメリカ

2025年1月15日　初版第1刷発行

著　　者　池上《いけがみ》 彰《あきら》 ＋「池上彰《いけがみあきら》のニュースそうだったのか!!」スタッフ

発 行 者　出井貴完

発 行 所　SBクリエイティブ株式会社
〒105-0001　東京都港区虎ノ門2-2-1

装　　幀　杉山健太郎

本文デザイン
D T P　株式会社キャップス
図版作成

編集協力　渡邊 茂

イラスト　堀江篤史

写　　真　テレビ朝日
共同通信社
アフロ

装　　画　羽賀翔一／コルク

編集担当　美野晴代

印刷・製本　中央精版印刷株式会社

本書をお読みになったご意見・ご感想を下記URL、
または左記QRコードよりお寄せください。
https://isbn2.sbcr.jp/27188/

落丁本、乱丁本は小社営業部にてお取り替えいたします。定価はカバーに記載されております。
本書の内容に関するご質問等は、小社学芸書籍編集部まで必ず書面にて
ご連絡いただきますようお願いいたします。

ISBN　978-4-8156-2718-8

SB新書

ニュースの疑問は現代史ですべて解決！
20歳の自分に教えたい現代史のきほん
池上彰＋「池上彰のニュース
そうだったのか!!」スタッフ

ニュースの疑問は地図で読み解く！
20歳の自分に教えたい地政学のきほん
池上彰＋「池上彰のニュース
そうだったのか!!」スタッフ

「イスラム」がわかれば世界が見える
20歳の自分に教えたいイスラム世界
池上彰＋「池上彰のニュース
そうだったのか!!」スタッフ

そのとき日本を守るのは？　日本の安全保障を徹底解説！
第三次世界大戦　日本はこうなる
池上彰＋「池上彰のニュース
そうだったのか!!」スタッフ

安すぎる日本を待ち受ける未来は？
世界インフレ　日本はこうなる
池上彰＋「池上彰のニュース
そうだったのか!!」スタッフ